秘録・自民党政務調査会

16人の
総理に仕えた男の
真実の告白

田村重信

講談社

プロローグ――安倍総理が労ってくれた四〇年

何度この道を歩いただろうか。だけど今日は特別だ――。

私は総理大臣官邸に向かっていた。四〇年近く務めた自由民主党本部を退職するに当たり、総理に挨拶《あいさつ》するためだ。定年退職を目前に控えた、二〇一八（平成三〇）年一月一一日のことである。

東京・永田町の自民党本部から官邸までは歩いて約一〇分。時には誰もいない道を、時にはＰＫＯ（国連平和維持活動）や平和安全法制に反対するデモ隊を掻《か》き分《わ》けながら、両手いっぱいに政策提言書や資料を抱えて、私は何度も官邸を訪れた。

政治の世界に足を踏み入れてからの思い出が、頭のなかを走馬灯《そうまとう》のように駆け巡った。宏《こう》池会《ちかい》の事務局員として、自民党のアルバイトとして、政務調査会（政調会）の職員として、政調会長室長として……。

もちろん、楽しかったことばかりではない。しかし、すべてが良い思い出だ。なぜなら私は、常に「日本のために」という言葉を胸に刻んで働いてきたからだ。

最後の役職は政務調査会審議役――通常の会社でいえば部長に当たるだろうか。希望すれば、そのまま嘱託《しょくたく》として二年、勤務を続けることができた。しかし私は、定年の一年ほど前から妻と相談したうえで、退職を選んでいた。そうして豪華客船「飛鳥《あすか》II」に乗船し、世界一周を果たすと決めていたのだ。

一九七五年に宏池会の事務局員になって以来、ろくに休みも取らずに働いてきた。妻にも多くの迷惑をかけてきた。自分たちへのご褒美《ほうび》のつもりだった。

退職が決まると、私は内閣総理大臣秘書官の島田和久《しまだかずひさ》に連絡をした。島田とは、ともに慶應義塾大学大学院法学研究科で教鞭を執り、『日本の防衛法制』(内外出版)を出版し、何度も酒を酌《く》み交《か》わした仲だ。

その島田に、「俺、六五歳の誕生日(一月一七日)に退職することになった。最後に総理に挨拶に行きたいから、何とか時間を取ってくれないかな」と頼んだ。しかし島田は、「う~ん……」と煮え切らない反応だった。相手は日本一多忙な総理大臣だ。当然、会えなくても仕方ないと思った。

しかし、翌日になって島田から電話があり、「一月一一日の午前一一時五〇分に官邸に来てください」「これは他言しないでください」という。総理が会ってくれることになったのだ。

　約束の時間の一〇分ほど前に官邸に到着した。その日の天気は私の総理面会を祝ってくれているかのような晴天。官邸に掲げられた日の丸は太陽に照らされて、眩《まぶ》しく輝いていた。

　国会議事堂と議員会館のあいだを抜ける道に突き当たり、内閣府側にある正面入り口で警察官に身分証を見せ、官邸に入った。五階建ての官邸は、建物に向かって左側に入り口があり、新聞社の総理番記者たちが出入りしている。

　その入り口から官邸に入ると、エントランスホールが広がる。ニュース番組で官邸入りした総理や各大臣を取り上げるときは、だいたいこのホールを歩く姿が映し出される。総理が囲み取材を受けるのもこのホールだ。

総理大臣官邸

　ホールの脇には正面階段がある。この階段は組閣時の記念撮影で使われている。だから官邸といえば、このホールや階段をイメージする人が多いのではないだろうか。
　官邸入り口から内部に入っていくと、ホールにいた数人の新聞記者たちから、「今日は総理と面会ですか？」と声をかけられた。「そうです」と告げた。

エントランスホールを抜けると、奥にはエレベーターがある。

ちなみに正面玄関やホールは建物の三階に当たる。官邸の敷地は、東側と西側で高低差があり、正面玄関は高台側。だから建物の三階になるというわけだ。

私がエレベーターに乗ると、官邸スタッフが「5」のボタンを押した。このエレベーターに乗って総理と面会するのは初めてではない。直前にも、小野寺五典《おのでらいつのり》・前防衛大臣に同行するかたちで、政策提言を携えて訪れていた。

しかし、この日の面会は提言が目的ではない。退職の挨拶という、極めて私的な目的でやってきた。だからだろうか……私はいつもより緊張していた。

政界の最前線で四〇年生きてきた。政権与党の職員として、国家の命運を左右するという重責を担ってきた。それなりの修羅場《しゅらば》をくぐってきたつもりだ。自分でいうのもおこがましいが、肝《きも》が据《す》わった男だと思う。それでも私的な目的で総理を煩《わずら》わせるため、やたらと緊張したのである。

時間にしてわずか十数秒。エレベーターが五階に着くと、私は総理秘書官室に通された。

ここでは、この日の面会を設定してくれた総理秘書官の島田が出迎えてくれた。

総理官邸応接室で安倍総理に提言を行う（左から２人目が著者）

私の退職の挨拶ということで、少し感傷的になっていたからだろうか。公私にわたって何度も会ってきた島田だが、この日は少し俯《うつむ》き加減で、その目にはうっすらと涙が浮かんでいるように見えた。

私は「今日は時間を取ってくれて本当にありがとう」と頭を下げた。すると俯き加減だった島田は真っ直ぐ私の目を見て、「長いあいだ、お疲れさまでした」と、笑みを浮かべた。島田と話し、少しだけ緊張がほぐれた。

いよいよ面会の時間がやってきた。島田は私を総理応接室へと案内してくれた。総理応接室は総理執務室の手前にある部屋で、総理が政治家や役人などと打ち合わせをする際に使われる。そこで私は、島田とともに数分待った。

腕時計を見つめていた島田が「間もなくです」といい、定刻になると同時に、総理執務室の重厚な扉をノックして開けた。私に「どうぞ、なかにお入りください」という。

私は扉に向かって歩を進めた。そしてノブに手をかけたまま、扉の前に立つ島田に軽く会釈し、執務室に目をやった。そこにいたのは第九八代内閣総理大臣・安倍晋三《あべしんぞう》だ。

執務室は五〇畳ほどの広さで、絨毯《じゅうたん》や壁はアイボリー色。扉から向かって右手前には焦げ茶色のローテーブルと、それを囲むように真っ白なソファが置かれている。

向かって左奥に茶色の本棚と、同色の重厚なデスクが設置されている。安倍総理は、そのデスクに向かって座っていた。総理の後ろには大きな日の丸が掲げられている。その光景を見て、「いま目の前に日本国の総理大臣がいる」と実感するとともに、「絵になる男だ」と、惚《ほ》れ惚《ぼ》れする思いがした。

安倍総理は立ち上がると「そちらへどうぞ」といい、ソファを指差した。いわれた通りにソファに座ると、総理は私の斜め向かいに座った。島田は気を遣ってくれたのだろう、執務室には入ってこなかった。つまり、安倍総理と私の二人きりの面会となったのだ。

まず私は、忙しいなか時間を作ってくれたことに対する礼を述べようとした。しかし、さすがは日本国の代表たる総理大臣を務める人である。私が礼を述べるよりも前に、こういってきたのだ。

「田村さん、長いあいだ本当にお疲れさまでした」

一国の総理が労《ねぎら》ってくれた——私は感動のあまり目頭《めがしら》が熱くなった。しかし、グッと涙を堪《こら》えて、面会に対する感謝の言葉を述べた。そして今後の活動や、妻と世界一周をすることなどを話し、面会を終えたのだった。

時間にして一〇分にも満たなかった。あっという間の出来事だ。しかし、総理が私の四〇年を丁寧に労ってくれた。感無量だった。日本国や自民党のために働いてきて良かったと、心から思った。

総理官邸からの帰り道、私は昔のことを思い出していた。私が仕えた一六人の総理大臣、私が接した数多くの政治家たち……多士済々《たしせいせい》の面々だ。そして、彼らのことを書き残したいと強く思った。それが本書を執筆する理由だ。

この本を通じ、政治に生きた人々、いま生きる人々の強烈な魅力に接してもらいたい。

なお本書では、特に断りのない限り、登場人物の肩書は、当時のものとさせていただいた。また、敬称は略させていただいた。

目次◉秘録・自民党政務調査会　16人の総理に仕えた男の真実の告白

第二章　自民党政務調査会の使命

第三章　自民党という梁山泊の住人

第四章　国会議員の品格

第五章　自民党本部三階から眺めた永田町

秘録・自民党政務調査会

16人の総理に仕えた男の真実の告白

第一章　私が仕えた一六人の総理

福田赳夫の潔い辞め方に痺れて

私が自民党のアルバイト職員となった一九七七（昭和五二）年当時、総裁は福田赳夫《ふくだたけお》が務めていた。

田中角栄《たなかかくえい》が一九七四年に総理大臣を辞任すると、三木武夫《みきたけお》内閣が誕生した。当時の自民党は派閥争いで混乱しており、三木は離党を考えていた。それを止めるために、当時の副総裁・椎名悦三郎《しいなえつさぶろう》が主導するかたちで、三木を総裁に据えたのだ。

ところが政権は安定せず、大平正芳《おおひらまさよし》と福田赳夫が組んで、三木を引きずり下ろした。そうして福田が総裁に就任したのである。

その際、大平と福田は密約を交わしていたといわれている。福田を総裁にするために大平は協力するのだが、福田は二年で総裁の座を大平に譲ることになっていた。ところが福田は、密約を反故《ほご》にして次の総裁選に立候補したのである。

そうして迎えた一九七八年の総裁選は、本選挙の前に一般党員・党友による予備選挙が行われた。ちなみに総裁予備選挙は、その後の自民党員の獲得に大いに役立った。私は全国組織委員会の一員として、予備選挙の仕組み作りを担った。

初めての予備選挙には、現職の福田、中曽根康弘《なかそねやすひろ》、河本敏夫《こうもととしお》に加えて、福田が密約を破ったことに憤《いきどお》っていた幹事長の大平も出馬した。

現職だった福田は勝利を確信していたようだが、一一月二六日に投開票が行われた予備選挙では、なんと大平が一位となった。予備選挙とはいえ、現職が敗れるのは初めてのことである。

こうして本選挙では、予備選で一位の大平と二位の福田が争うことになるはずだった。しかし福田は、予備選の敗北を理由に総裁選を辞退する決断をした。

福田が辞退を発表した日のことは、よく覚えている。私は自民党本部三階の全国組織委員会事務局と同じフロアにいた。すると廊下からドドドッという足音が聞こえてくる。何事かと思い見にゆくと、福田が党本部にやって来たのである。足音は福田を追って階段を走る新聞記者たちのものだった。

四階の記者会見場に到着した福田は、本選挙には出ずに総裁を辞任すると発表した。私も新聞記者の後ろから会見の模様に見入った。記者からは立て続けに質問が投げ付けられる。しかし、福田は質問に答えず、一言だけ、こう告げたのである。

福田赳夫

「敗軍の将、兵を語らず。以上！」

私は、この言葉を鮮明に覚えている。

福田はあっさりとした、竹を割ったような性格だった。党内でも人望があった。そんな福田が密約を破り、二年で辞めようとしなかったのは、総理としてやりたいことがあったからなのだろう。しかし、未練たらしく総裁にしがみつかず、予備選に負けた時点で辞めたのは、男として潔《いさぎよ》さを感じた。記者会見を見ていた私は痺《しび》れた。政治家とは、なんと格好いい人たちなのだろう、と。

もしかすると、私のこの時の思いが、その後の四〇年を支えてくれたのかもしれない。潔さや清廉《せいれん》さを満天下に示すことができて、かつ天下国家のために汗を流すことができる仕事——それが俺の仕事だ、といい続けることができたのだから。

風圧を感じた二人の政治家とは

そんな私は、ただ漠然と政治に関する仕事がしたいという思いから、地元・新潟の政治家、自民党の村山達雄《むらやまたつお》（のちの大蔵大臣）を頼った。そして、村山を通じて紹介されたのが宏池会という派閥の事務所。大学四年生のときだった。

宏池会の会長は、田中角栄内閣で外務大臣として日中国交正常化を果たし、私が事務所に入った当時は三木武夫内閣で大蔵大臣を務めていた大平正芳だった。大平がたまにポケットに手を突っ込んで事務所に入ってくると、強い「風圧」を感じたものだ。

このころ「風圧」を感じた政治家は、もう一人いた。田中角栄だ。国会議事堂のなかで、田中はいつも秘書やSPをたくさん引き連れていた。廊下ですれ違ったときには、大平と同じように強烈な「風圧」を感じた。

さて、この大平会長時代の宏池会は、政策研究に極めて力を入れていた。毎週、勉強会が行われ、下村治《しもむらおさむ》や高橋亀吉《たかはしかめきち》などの財政・経済分野の錚々《そうそう》たる専門家が集まっていた。

今日の私があるのは、大平正芳との出会いがあったからだ。いまでも新潟の実家の茶の間には、大平正芳の写真を額に入れて飾ってある。この本を世に出せるのも、大平との出会いがあったからこそと、心から感謝している。

大平正芳

この大平以降、宇《う》野《の》宗佑《そうすけ》と民主党政権の三人の総理を除き、自民党が野党に転落したときも含め、私は一六人の総理に仕えてきた。ただ仕事の性質が異なるので、ともに働いた時間は、彼らの秘書に比べて少ないだろう。しかし自民党の職員だった私は当然、自民党の総裁（＝総理）には忠

鈴木善幸

誠心を持っていたし、野党時代は一国民として、他党に所属する総理と真摯《しんし》に向き合ってきた。

本章ではその一人ひとりを振り返っていく。

選挙区に帰らなくていい政治家の条件

先述の通り、一九七五年、私が宏池会の事務局員として働き始めたときの会長は大平正芳だ。当時、大平は大蔵大臣を務めており、事務所には滅多に来なかった。そのため宏池会は、会長代理の鈴木《すずき》善幸《ぜんこう》が取り仕切っていた。

鈴木は朝からずっと事務所にいた。ムスッとした顔で座っているのである。そんな鈴木を見て私は、最初「暇なのかな……」と思っていたものだ。しかし、実際には違う。毎日のように重要案件が飛び込んでくるのが永田町だ。政治家は、そんなとき、すぐに対応しなくてはならない。だからこそ鈴木は、いつも事務所に控えていたのである。

ここで重要なのは、なぜ鈴木がずっと事務所にいられるのか、ということ。普通、政治家は、次の選挙に備え、週末になると自分の選挙区に帰り、挨拶回りをする。しかし、鈴木にはその必要がなかった。その理由は一つ。選挙に強かったからである。

私が宏池会の事務局員として働いたのは二年。鈴木とじっくり話し込んだわけではない。ただ、退職する際に鈴木は、当時の事務局長・木村貢《きむらみつぎ》を通して色紙を書いてくれた。色紙には「平常心　鈴木善幸」と書いてあった。正直、当時は「平常心」にピンとこなかった。しかしその後、自民党の職員として仕事を続けていくうちに、その意味が分かるようになった。人生には良いときも悪いときもある。どんなときも動揺せず、常に平常心でいることこそが大切なのだ。これは政界人に限った話ではなく、すべての人に通じる。

私は四〇年にわたって自民党に在籍した。その間、党は下野《げや》もしたし、政策をめぐって議員と何度も揉《も》めた。決して順風満帆《まんぱん》の人生ではなかった。ただ、私はトラブルに直面するたびに、鈴木の「平常心」という言葉を思い出して事に当たった。人生の鉄則を与えてくれた鈴木には、心から感謝している。

中曽根康弘のためのイメージ戦略

一九七八（昭和五三）年に自民党の職員となり、私は全国組織委員会で党員・党組織の指導と研修の担当に配属された。そこでは、党員獲得や党支部活動を盛り上げるために尽力《じんりょく》した。そのころの党支部では、党員を集めての勉強会が多かったのだが、徐々にレクリエーションやスポーツ大会、そしてボランティア活動などに力を入れるようになった。

それからしばらくした一九八二（昭和五七）年一一月、中曽根康弘内閣が誕生した。ただ、総理に就任した直後の中曽根は、世間では評判が悪かった。タカ派のイメージが強かったからだ。

また一九八三年一月、訪米した中曽根が米紙「ワシントン・ポスト」のオーナーとの朝食会で「日本列島を不沈空母のようにして強力に防衛する」と述べたと報道されると、メディアの批判の対象ともなった。

ただ私は、総理就任直後の一九八二年一二月三日の所信表明演説に着目していた。中曽根は、以下のように語ったのである。

「私は、いまこそ、戦前の日本に対して、戦後の日本の国の理想として、『たくましい文化と福祉の国』を作るという新しい目標を高く掲げるときが来ていると思うのであります。

（中略）

私は、何よりも心の触れ合う社会、礼節と愛情に富んだ社会の建設を目指したいと思います。特に、政治の光を家庭に当て、家庭という場を最も重視していきたいと思います。国民の皆様の具体的な幸せは、いったいどこにあるのでありましょうか。家族が家路を急ぎ、夕べの食卓を囲んだときに、ほのぼのとした親愛の情が漂います。このひとときの何ともいえない親愛の情こそ、幸せそのものではないでしょうか」

自民党婦人部活動者研修会での中曽根康弘（右端は著者）

マスコミはこぞって「不沈空母」発言を取り上げ、過激な総理だという印象を国民に植え付けようとした。しかし実際の中曽根には、所信表明で語ったようなソフトな一面もあったのである。私はこの部分を抽出《ちゅうしゅつ》した資料を作り、研修会などで配布しようと考えた。

また、当時は自民党婦人部の活動者研修会が定期的に開催されており、私はその運営を担当していた。そこで中曽根に参加してもらおうと考えた。中曽根の印象を変えるには、女性の口コミと拡散力が武器になると確信していたからだ。

早速、亀井《かめい》善之《よしゆき》研修局長に相談したら、「田村君、それは良いことだ」となって、中曽根総理が研修会に参加することとなった。

そのときの私の思いは、「総理に対する間違った印象を解消したい。総理が女性たちに直接語りかけ、心を動かすことができたら、彼女たちはみんなに話すはず。そうすれば総理の評判は、党内のみならず、国民のあいだにも広がる」というものだった。

中曽根は研修会で講演を行った。話のテーマは外交や安全保障だけではなく、癌《がん》の撲滅、花と緑の保護、家族の団欒《だんらん》の大切さなどだった。

スピーチした中曽根は確かな手応えを感じたようだ。当日、ゆっくり話す機会はなかったが、講演が終わると、中曽根は私をはじめ研修スタッフに「ありがとう」といってくれた。

また、参加した女性たちも感銘を受けたようで、党員のあいだで中曽根の人気が高まった。そうして、その後の中曽根は、約五年にわたって政権を運営することになったのである。就任直後は不人気だったにもかかわらず、長期政権を築いたことに、私のイメージ戦略が少しは役立ったと自負している。

凄まじい記憶力の竹下登

一九七八年、先述の通り私は、全国組織委員会の事務方として、総裁予備選挙の仕組み作りを担当することになった。当時の総裁選は、国会議員と地方の代表者だけが投票していた。それを現在のように、党員も投票に参加してもらおうという取り組みだった。

　そのころ全国組織委員会の委員長は竹下《たけした》登《のぼる》、国民運動本部長は中川《なかがわ》一郎《いちろう》が務めていた。就任に当たって、まず私は両者に挨拶に行った。

　中川と会うのは初めてだが、実は竹下と会うのは二度目だった。詳細は後述するが、宏池会の事務局員を辞めた私は、のちの大蔵大臣・藤井《ふじい》裕久《ひろひさ》の参議院全国区選挙を手伝ったことがある。一九七七年のことだ。藤井は初めての選挙に挑むに当たり、永田町ＴＢＲビル（旧経世会系有力議員が事務所を構えた場所）の個人事務所にいる竹下に挨拶に行くというので、私も秘書として同行したのである。

竹下登

　とはいっても、私は藤井の隣で秘書として「選挙を手伝わせていただく田村と申します。よろしくお願いします」と挨拶しただけだ。竹下は笑みを浮かべながら「しっかり頼むよ」といってくれた。竹下はそのころ、すでに三木武夫内閣で建設大臣を経験していた。私は「大物政治家だけど、ずいぶんと気さくな人だな」という印象を持った。
　それから二年後に、今度は自民党の職員として、全国組織委員会の打ち合わせに参加することになる。事務連絡が終わると、委員長の竹下が私の顔を見た。そして以前と同じように笑みを浮かべながら、こういったのである。

「君はこの前、藤井君と一緒に挨拶に来たことがあるよね」

……藤井の選挙の手伝いをしていただけの私のことを、きちんと覚えてくれていたのだ。その記憶力には感嘆した。

竹下は早稲田大学商学部を卒業し、中学校の代用教員や島根県議会議員を務め、それから国会議員になった。総理になるような人物は、往々《おうおう》にして東京大学法学部を卒業し、官僚を務めてから議員になるといった流れがあるが、竹下はそのようなエリートではない。だからこそ人に気配りができた。のちに総理になったのも納得の人物である。

また、竹下はウィットに富んだ演説が評判だった。必ず聴衆を笑わせるのだ。かくいう私も竹下の演説が大好きだった。

近年、知人の結婚式に呼ばれると、スピーチを頼まれる機会が多い。スピーチでは、竹下がスピーチの締めに用いていた決まり文句を必ず拝借している。

「幸せはながーく、挨拶は短く！　以上！」

この決まり文句で必ず会場はどっと沸く。そのたびに天国にいる竹下に感謝するのである。

自民党転落の契機を作った総理とは

自民党では、派閥の領袖《りょうしゅう》が総裁ならびに総理になるのが慣わしだった。ひとたび領袖になると、所属する議員が応援するし、メディアでも大きく扱われるようになる。それと同時に、主要閣僚や党三役（幹事長・総務会長・政務調査会長）に抜擢《ばってき》され、政治家としての能力が身に付いていく。だから派閥のトップを務めた人物は、総理になった時点で、政権運営の要諦《ようてい》が分かっている。

一九七二年の総裁選では、三木武夫、田中角栄、大平正芳、福田赳夫の四人が、佐藤栄作《さとうえいさく》のあとの総裁の座を争った。これに中曽根康弘を加えて「三角大福中」といわれた時代があった。五人とも領袖経験者だ。だから、誰が総裁、そして総理になっても、しっかりと務めることができたのだ。

しかし、領袖になった経験のない宇野宗佑が、リクルート事件で退陣した竹下登の後を受け、一九八九（平成元）年、総理に就任した。自民党初のことである。これを機に、党内の秩序が乱れることになった。

宇野は演説が上手だったし、総理就任時にはピアノを演奏し、俳句も嗜《たしな》むなど、非常に器用な人物だった。ただ、宇野が総理に就任した理由は、安倍晋太郎《あべしんたろう》や渡辺美智雄《わたなべみちお》ら次期総理として有力だった議員が、揃ってリクルート事件に関与していたことが明らかになったたから。つまり、消去法で選ばれた総理だったのである。

一九八九年六月三日に発足した宇野内閣だが、歴代三番目の短さとなる六九日後に倒れた（私が何の手伝いもできなかった唯一の自民党の総理である）。その原因は、宇野の過去の女性問題で、マスコミが大騒ぎとなったからだ。

宇野宗佑

加えて宇野内閣は、導入されたばかりの消費税、そして牛肉・オレンジの輸入自由化の問題にも直面していた。

そうして迎えた同年七月二三日の第一五回参議院議員選挙では、日本社会党の委員長、土《ど》井《い》たか子《こ》が「マドンナ旋風」を巻き起こし、四六議席を獲得した（自民党は三六議席）。結党以来、初めて、自民党は参議院で過半数を割ったのである。その結果、宇野内閣は退陣することになった。

私は宇野と個人的にやりとりをしたことがない。あまりにも早い退陣だったため、宇野に対する特別な思いもない。ただ、参院選の開票日、自民党本部がお通夜のようになっていたことはよく覚えている。

一九五五（昭和三〇）年の結党以来、自民党はずっと与党にいた。そのため、野党転落の危機だと考える人は、まだ少なかったと思う。しかし、自民党はこの四年後に下野することになる。振り返ってみると、宇野内閣が誕生したとき、すでに自民党の転落は始まっていたのである。

海部総理の「軍艦マーチは演奏するな」

宇野の退陣後、内閣を受け継いだのは海部俊樹《かいふとしき》だ。一九八九年八月のことである。海部もまた、リクルート事件がなかったなら、総理にはなれなかったはずだ。ただ海部は、非常に人当たりが良く、また演説も上手だったから、街頭では人気者だった。

一九九一年一月には湾岸戦争が勃発《ぼっぱつ》。翌月に停戦すると、その二ヵ月後の四月二四日、海部内閣は、海上自衛隊の掃海艇をペルシャ湾に派遣することを決めた。機雷の除去が目的だ。訓練などを除けば、自衛隊にとって初めての海外任務である。こうして海自は、六月から九月までの三ヵ月にわたり、他国の軍と協力して掃海作業を行った。

作業を終えた海自は、同年一〇月二八日に広島湾に帰還、翌々日の三〇日には呉《くれ》に入港し、盛大な歓迎式典が開催されることが決まっていた。

海自では、船が帰港するときには「軍艦マーチ」を演奏しながら迎えるのが儀礼となっている。掃海艇が帰ってくるときも、当然、演奏する予定だった。しかし、党本部にいた私のもとに、ある情報が飛び込んできた。海部が「軍艦マーチは演奏するな」といっているというのだ。

当時の私は、政調会で国防部会や安全保障政策を担当するようになったばかりだったが、防衛庁のある役人が、「田村さん、聞いてくださいよ！」と、報告してきたのである。

軍艦マーチで迎えるのは、大日本帝国海軍時代から続く伝統だ。現地で命を賭けて機雷除去を行ってきた自衛官たちを労う意味でも、演奏しないわけにはいかない。

しかし当時の自衛隊を取り巻く環境は、現在とは違っていた。「自衛隊は憲法違反の存在だ」という声が多く、現職の総理と自衛官が親しく接する雰囲気でもなかったし、海部としてもそうした声に配慮したのだろう。

このとき私は、「もし演奏しなければ、海部総理はもちろん、自民党のイメージも悪くなる」と確信していた。そこで私は総理官邸に急行し、当時、首席秘書官だった金石清禅《かないししょうぜん》と面会した。そうして「海部さんのいっていることはおかしい、絶対に軍艦マーチで迎えなければ駄目だ」と力説した。すると、金石も同じことを考えていたようだ。すぐに納得し、「田村さんのいう通りです。私が総理を説得します」といってくれた。

そして、実際に金石は海部を説得した。結局、軍艦マーチで出迎え、海部も式典に出席し

ペルシャ湾から帰った海自掃海艇の歓迎式典で（右端が著者）

たのである。

なぜ海部は「軍艦マーチは演奏するな」といったのか？　その背景には、先述の通り、当時の世相があった。

近年、阪神《はんしん》・淡路《あわじ》大震災や東日本大震災で救援に活躍し、自衛隊は多くの国民から支持を受けている。が、当時は疎《うと》ましく思う国民が少なくなかった。それはマスコミも同様だ。何かというと自衛隊をバッシングしていた。そんな時代だったから、海部は軍艦マーチが流れる場面が大きく報道されるのを恐れ、自衛隊に迷惑がかかることを懸念したのだと思う。

その後、金石秘書官から連絡があった。

「海部が東南アジア訪問をするので、田村さん、何か良い知恵があったら教えてもら

海部俊樹

いたい」というのだ。私は即座に「池田勇人《いけだはやと》総理は東南アジア訪問の際に『人づくり』に触れました。海部総理は教育の第一人者だから、池田と同じように、『東南アジアの人々の教育と人づくりに日本は協力する』というべきです」と答えた。

自民党本部の写真も肖像画も外されて

この海部は、総理退任から約二年半後の一九九四年、自民党を離党することになる。

自民党は一九九三年に野党に転落した。翌年、当時の総裁、河野洋平《こうのようへい》が政権を獲得するための手段として、社会党と新党さきがけとの連立政権に合意した。そして、自民党は首班指名選挙で社会党の委員長、村山富市《むらやまとみいち》に投票することを決める。

しかし、海部はそれを拒否して離党した。

その直前まで政権を担っていた細川護熙《ほそかわもりひろ》内閣と羽田孜《はたつとむ》内閣は、新生党や日本新党などによる連立政権下のものだ。こうした政党を束ねていた新生党の小沢一郎《おざわいちろう》に担がれるかたちで、海部は自民党を離党、そして村山と首班指名選挙を争ったのである。

党の方針に逆らって海部に投票する自民党の議員が出てくる、という目論見《もくろみ》もあったのだろう。当時、中曽根康弘も海部に投票した。しかし、思ったほどの造反は起きず、海部は敗れた。再び総理になれるという思いから離党したものの、思い通りにはいかなかったということだ。

自民党本部の四階にある総裁応接室には歴代総裁の肖像写真が、八階にあるホールには肖像画が、初代総裁の鳩山一郎《はとやまいちろう》から順番に掲げられている。海部が離党すると、すぐに彼の写真も絵も撤去され、前後の総理である宇野宗佑と宮澤喜一《みやざわきいち》のあいだにポッカリと隙間ができた。それを見た私は不安と寂しさを感じたことを覚えている。自社さ連立政権の発足で自民党は与党に返り咲いたとはいえ、まだ党が安定したとはいえない状態だったからだ。

ちなみにその後の海部は、所属していた保守新党の解党を機に、二〇〇三年に自民党に復党した。それと同時に写真も絵も戻された。当時、幹事長を務めていた安倍晋三は、「諸手《もろて》を挙げて歓迎します」といっていたが、党が苦境に立たされていた時期に離党した海部を、私は一職員として素直に歓迎する気にはなれなかった。

宮澤喜一総理の光と影

私が第七八代内閣総理大臣の宮澤喜一と直接やりとりしたのは、宮澤が総理を退任してから一一年後、二〇〇四（平成一六）年のことだ。その前年、小泉純一郎《こいずみじゅんいちろう》率いる自民党は、新憲法草案の発表に向けて動き出した。

二〇〇三年一一月の衆議院議員選挙の際、自民党は政権公約で以下のように謳《うた》った。〈立党五〇年を迎える二〇〇五年に憲法草案をまとめ、国民的議論を展開する。（略）憲法改正の具体的な手続きを定める「国会法改正」「憲法改正国民投票法」を成立させる〉

ちなみに憲法改正国民投票法こと「日本国憲法の改正手続に関する法律」は、小泉のあとを引き継いだ安倍晋三内閣が、二〇〇七年に成立させている。

自民党は、この公約を実現させるため、二〇〇四年一二月、小泉を本部長とする新憲法制定推進本部を設置した。そうして翌年一月には新憲法起草委員会が発足し、森喜朗《もりよしろう》が委員長に就任したのである。

同委員会には一〇の小委員会が設けられた。私は事務方として、主に「天皇に関する小委員会」と「安全保障および非常事態に関する小委員会」を担当した。加えて起草委員会全般の進行を管理することになったのだ。

「安全保障および非常事態に関する小委員会」では、武力の行使と、陸海軍その他戦力の保持、そして交戦権の放棄を謳《うた》っている憲法九条が議論になった。私はそれ以前、政調会で安全保障政策を担ってきた。だから同委員会の業務は難しいことではなかった。

しかし、問題は「天皇に関する小委員会」である。委員会の中心メンバーは、委員長の宮澤、委員長代理の橋本龍太郎《はしもとりゅうたろう》、サポート役の舛添要一《ますぞえよういち》の三人だった。

同委員会では激しい議論が展開された。ある議員が「『天皇は元首である』と憲法に明記すべきだ」といえば、別の議員は「象徴天皇制は現在の憲法の最大の価値だ。変える必要などない」という。するとまた別の議員は、「しかし、日本の元首は誰であるかということを外国でよく聞かれる。ハッキリさせるべきだ」という。

私は「天皇」について、専門家である國學院大学教授の大原康男《おおはらやすお》（現・同大学名誉教授）、高崎経済大学助教授の八木秀次《やぎひでつぐ》（現・麗澤大学経済学部教授）らと会い、直接話を聞いて勉強した。

宮澤喜一

小委員会が行われる際には資料をまとめ、事前に宮澤の事務所にファクスで送るのも決まりになっていた。送信後しばらくすると、必ず宮澤本人から電話がかかってくる。そして宮澤から、以下のような質問をされるのだ。

「この要綱の論点を整理されたのは田村さんですね。ところで、この部分の記述なのですが、これはどう解釈したらいいのでしょう？」

資料を読み、疑問に感じた箇所を、一つひとつ突っ込んでくるわけだ。そのたびに私は四苦八苦して答え、明確な答えを示せないときは、「もう一度、検討して、お答えします」と返答……毎回、冷や汗をかいていた。その甲斐あってか、二〇〇五年四月には要綱をまとめ上げ、一〇月に新憲法草案が完成するに至った。

私がここでいいたいのは、宮澤は元総理という立場だったが、たかが小委員会などとは考えず、すべての業務に熱心に取り組んでいたということだ。だから専門外の私が作った資料の隅々まで目を通し、疑問点に突っ込んできたのである。宮澤の仕事に取り組む姿勢には、ほとほと感服させられた。

ただ、世の中は仕事熱心な人ばかりではない。宮澤のこうした生真面目《きまじめ》な性格を、疎《うと》ましく思う人も少なくなかった。

それは議員も同様だった。宮澤の完璧を求める人間性に付いていけないという議員も多かった。だから宮澤は、総理時代の一九九三年、結党以来続いていた自民党政権に終止符を打つハメになったのだと思う。

自民党の提言を真剣に聞いた細川総理

日本共産党を除く野党八党派（日本新党、日本社会党、新生党、公明党、民社党、新党さきがけ、社会民主連合、民主改革連合）の連立政権が成立し、一九九三年、自民党は下野した。そうして誕生したのが細川護熙内閣と羽田孜内閣だ。

私は野党の職員となったため、二人の総理に直接仕えていたわけではないが、何度もやりとりをしたことがある。二人は元自民党議員だった。そこで他党ではあるが、二人の総理についても振り返りたい。

まずは細川だ。細川内閣は発足直後、ものすごい人気だった。支持率が七一%にも達したほどだ。

細川の人気が爆発したのは、国民が当時の自民党に嫌気がさしていたという理由もあったが、それ以上にテレビの影響が大きかったと思う。テレビでは、見た目が良く、話し上手な人に人気が集まる。いまなら小泉進次郎《こいずみしんじろう》がその代表だ。そして当時の細川も同様だった。

細川は記者会見のときに右手でペンを持ち、そのペンで記者を指しながら話した。そうした姿は、それ以前の総理よりも、テレビでは小粋《こいき》に映ったのである。一九九三年にアメリカのシアトルで開催されたＡＰＥＣ（アジア太平洋経済協力）首脳会議には、洒落《しゃれ》たマフラーを纏《まと》って登場した。

一方、下野した自民党では橋本龍太郎が政調会長（政務調査会会長）に就き、私は政調会長室長に就任することになった。橋本については後述するが、自民党は野党第一党として、与党時代と変わらず、前向きかつ積極的な政策活動を展開することを方針とした。

そこで橋本と私は、日本をより良くするにはどうすべきか、党の政務調査会で議論を重ね、経済政策など改善すべき点をまとめて、政策提言を完成させた。そうしてそれを携えて、細川総理と面会したのである。

細川との面会は総理官邸で行った。事前に官邸秘書官を通してアポイントメントを取ると、細川総理は、いつも必ず会ってくれた。

初めて橋本と二人で細川に会いに行ったときのことは、いまでもよく覚えている。細川の秘書官が総理執務室の扉をノックしてから開けると、まずは橋本、続いて私が入室した。細川は椅子から立ち上がって、笑顔で迎えてくれた。野党の議員と職員が政策を提言するということで、もしかしたら殺伐《さつばつ》とした雰囲気になるのかと思っていたが、まったくそんなことはなかった。これは細川の人間性によるものだ。

挨拶が終わると、細川は執務室内のソファを指して「どうぞ、おかけください」という。すると橋本が座るのを見とどけてから、細川は座った。私は橋本に随行してきた職員だ。だからソファには座らず、後ろに立っていた。すると細川はすぐにそれに気づき、「どうぞ、田村さんもおかけください」という。他党の職員にも気を遣ってくれるような人柄なのだ。このやりとりは、細川を訪れるたびに必ず行われた。細川は気配りのできる、本当にスマートな人物なのである。

橋本は経済対策の政策提言を見せながら、熱心に語っていた。

「自民党の経済政策で、良いと思った政策があったら、国民のため、ぜひとも実行してください。私たちは決して特許使用料を寄越せなどとはいいませんから」

細川も真面目《まじめ》な顔で提言を読み込み、橋本の話を熱心に聞いていた。また、より良く理解しようと、質問をしてきた。そのたびに私は詳しく説明したものだ。

そうして実現した政策はいくつかある。たとえば建築物の容積率の見直しと規制緩和は、その一つである。

細川内閣と自民党は、政党としてやるべきことをやったに過ぎない。自民党が与党のときも、歴代内閣は野党からの提言を受け付けてきたし、それは現在も同様だ。

細川護熙

ただ、二〇〇九年から三年三ヵ月にわたって政権を担った民主党だけは別だ。政策提言を受け付けてくれなかったし、何より鳩山由紀夫《はとやまゆきお》総理や菅《かん》直人《なおと》総理は、私たちに会ってさえくれなかった。
この点は、野田佳彦《のだよしひこ》政権下で官房長官を務めた藤村修《ふじむらおさむ》が改善してくれたが、鳩山由紀夫と菅直人に提言することなど、まったく不可能だった。

安保法制を国会で議論していた二〇一五年、当時の民主党の議員は、「自民党感じ悪いよね」などというプラカードを掲げていたが、私にいわせれば、民主党のほうが、ずっと感じが悪かった。本当にひどい政権だった。

外務事務次官が野党・自民党を訪れたわけ

このように、圧倒的支持を受けて誕生した細川総理だったが、わずか二六三日で辞任することになった。細川の人間性は素晴らしかったが、残念ながら総理としての能力には疑問符が付き、日本を混乱状況に陥れてしまった。

一九九三年当時、北朝鮮によるミサイル発射実験が問題になっていた。五月には、日本海に向け、ノドンが発射された。直後に訪米した細川は、ビル・クリントン大統領から、「北朝鮮がアメリカを攻撃した場合、日本はどう対応してくれるのか」と問われた。細川は即答できず、回答を持ち帰ったのだが、結局は具体的な姿勢を示すことができずにいた。

すると当時の外務事務次官・斎藤邦彦《さいとうくにひこ》が、橋本に会うため自民党本部政調会長室を訪ねてきた。どう対処すべきか、長年政権を担ってきた自民党の政調会長に意見を聞き、協力を要請するために来たというわけだ。こうして斎藤と橋本と私の三人は、日本の極東有事への対処方針を、極秘に、自民党政調会で検討することに合意したのである。

政調会で検討会を開くに当たって橋本は、メンバーを保利耕輔《ほりこうすけ》、町村信孝《まちむらのぶたか》、額賀福志郎《ぬかがふくしろう》ら少人数に限定した。

その後、開催された数回の検討会では、極東有事の対応を決めた。自衛隊は米軍基地をどう守るか、避難民が大量に発生したときにどう対応するか、様々なことを決めていったのである。この検討会で決めたことは、のちに橋本とクリントンのあいだで合意した日米安保共同宣言とガイドライン（日米防衛協力のための指針）につながっていく。

細川内閣は、こうした対応がまったくできなかった。だからこそ、一年足らずで倒れた。理由は簡単で、烏合《うごう》の衆によって構成された内閣には、政策決定プロセスが整備できていなかったのである。

新生党代表幹事の小沢一郎と公明党書記長の市川雄一《いちかわゆういち》の関係は、「一・一ライン」と呼ばれ持《も》て囃《はや》されたが、細川内閣では何でもこの二人が決めていた。結果、徐々に閣内からは不満が漏れるようになり、政党間でも揉めるようになって、政権は崩壊していったのだ。

実は肝の据わった男・羽田孜

一九九四年、細川護熙の金銭スキャンダルによる総理辞任を受け、かつ社会党の連立政権離脱のあと、第八〇代総理大臣となったのが羽田孜である。彼が自民党時代に私は、農林部

羽田孜

会で深く関わった。

農林部会は中川一郎、渡辺美智雄、湊徹郎《みなとてつろう》、丹羽兵助《にわひょうすけ》、江藤隆美《えとうたかみ》、桧垣徳太郎《ひがきとくたろう》らが担ってきたが、私が担当になった一九八〇年代後半から九〇年代前半にかけては、羽田のほかに加藤紘一《かとうこういち》や大河原太一郎《おおかわらたいちろう》らが中心となった。

当時は日米間の牛肉・オレンジ自由化問題に直面していた。アメリカ産の牛肉とオレンジの輸入自由化を迫られており、どう対処するか議論を続けていた。また、米価をめぐって徹夜したこともあり、とにかく激しい議論が続いていた。

なかでも浜田幸一《はまだこういち》は、気に入らないことがあると、たびたび怒鳴り散らした。浜田が納得するまで議論が先に進まない。そこで浜田を説得するのが羽田の役割だった。この件については第三章で詳しく語るが、浜田と真っ向から対峙《たいじ》できるのだから、羽田は非常に肝《きも》の据わった人間だったのである。

そんな羽田も、普段はとても気さくな人だった。農林部会は毎回、長時間にわたった。そのたびに疲れ果てた。すると羽田は、私たち職員を「蕎麦《そば》でも食べに行こうよ」と誘ってくれる。こうして羽田の車で、麴町《こうじまち》にある行きつけの蕎麦屋に何度も行った。蕎麦屋では、「何でも好きなものを食べなさい」といってくれたものだ。

この蕎麦屋では、「ここの蕎麦は、長野産なんだよ」などと宣伝し、子供時代を過ごし、選挙区だった長野への愛を話してくれたことを覚えている。政治の話や仕事の話は一切しない。蕎麦を食べながらいつも感じていたのは、羽田の職員たる私たちへの労いの気持ちである。

だから、羽田が一九九三年、小沢とともに離党したときは寂しかった。経世会の跡目争いで小渕恵三《おぶちけいぞう》に敗れた小沢に誘われ、人の良い羽田は、一緒に離党してしまった。しかし、離党後の羽田が活躍したとはいえず、とても残念だった。

外遊しない外務大臣の背後で官僚は

羽田は細川内閣で副総理と外務大臣を務めた。外務大臣とは、世界を飛び回り、他国の要人と外交交渉することが重要な務めである。しかし羽田は、まったく外遊しなかった。

橋本龍太郎が、政調会長として、細川総理に政策提言をしていたことは前述した。橋本は野党議員として与党に物申していたわけだ。当然、外交をしていない羽田に対しても、「おかしいのではないか」と考えていた。政調会長室で「あれでは駄目だ」と呟《つぶや》いていたこと

坂口力

を覚えている。

海外に行かなかったのは羽田だけではない。当時、関税貿易一般協定（GATT《ガット》）ウルグアイ・ラウンドや日米包括経済協議など重要な外交交渉が行われていた。また、自由貿易の拡大をめぐって、アメリカなどと激しい交渉をしていた。しかし細川内閣は、外交交渉をすべて官僚任せにしており、政治家が国益のために世界で闘うという姿勢が見られなかった。

そのため当時、特に外務官僚は、「マンダリン」と批判されていた。マンダリンとは、政治の統制や公的な承認なしに強大な権力をふるう、高級官吏のことである。

また一九九四年三月、米デトロイトで雇用閣僚会議（雇用サミット）が開催され、日米欧七ヵ国が参加した。この会議は、G7各国の経済・雇用関係閣僚が集まり、失業の現状、課題、対策について討議するのが目的だった。アメリカからは当時のビル・クリントン大統領やアル・ゴア副大統領のほか、七閣僚が出席した。ほかの国も財務大臣や労働大臣に当たる閣僚が二名から四名は参加していた。しかし日本は、国会日程が絡《から》んだ混乱から、労働大臣の坂口力《さかぐちちから》しか出席しなかったのである。

橋本龍太郎と武村正義の連携

国会会期中のある日、橋本は、細川内閣で官房長官を務めていた武村正義《たけむらまさよし》を呼び出した。そして、国会内の応接室で会談した。私も橋本からの指示があり、同席した。

二人で待っていると、武村が応接室に入ってきた。すると橋本は早速、細川内閣の問題点を切り出す。

「外務大臣は外交交渉が仕事です。しかし、なぜか羽田さんは、国際会議にすら出席していない。これでは駄目です。なぜ羽田さんは外交をしないのですか？」

加えて、他の閣僚も国際会議に出席していないのは問題だ、ともいった。しかし、武村ははぐらかすだけで、明確な回答はしなかった。

なぜ、そのようなことになっていたのか。その理由は橋本も分かっていた。官僚が細川内閣のことを素人《しろうと》集団だと舐《な》め切っており、「国際会議なんかに行かなくても大丈夫ですよ」と伝えていたのだ。

閣僚が出席しなければ、官僚は自分たちの好きなようにできる。ある閣僚は、「役所が行かなくていいというから行かなかった」と、正直に認めていた。

橋本は、それでは駄目だということをよく理解していた。だからこそ、武村を呼び出したのである。

実は、この席で橋本はテーブルをドンと叩き、「外務大臣を海外に出せよ！」と叫んだのである。これには武村も驚いたようで、椅子から飛び上がるように腰を浮かせた。そして、この直後から、羽田が国際会議に出席するようになったのだ。

武村正義

この面会を機に、橋本と武村は連携するようになった。橋本は政府と野党第一党の連携が大切だと考えており、それを武村にも訴えた。そして、武村もそれに同意したのである。
その後、羽田が総理になると、当時の総理秘書官が自民党本部に来て、橋本と面会した。当然、私も同席した。すると秘書官は、羽田からの伝言として、次のようにいうのだった。
「これからは、何かあったら、羽田総理と橋本政調会長のホットラインで話をして、連携を取るようにしたいと思います。お二人が忙しいときは、私と室長の田村さんで連絡を取り合っていきましょう」
袂《たもと》を分かったが、羽田と橋本は、自民党にいたころは仲が良かった。そのせいか、党は違っても、羽田は橋本を信頼していた。その後の経過を見ると、同志の小沢一郎と同じように信頼していたのではないか。だからこそ、自民党との連携を大切にしたのである。もちろん、羽田の度量の広さも現れている。

官僚の限界を知悉していた橋本ゆえに

羽田内閣には社会党が加わっていなかったので、少数与党となり、短命に終わった。ただ、のちの民主党政権に比べると、よほどまともな政権運営を行っていたと思う。

細川・羽田内閣が不幸だったのは、冷戦が終わり、世界が大きく変化した時代に政権を担ったということだ。

冷戦中はアメリカとソ連（ソビエト社会主義共和国連邦）が争っていた。先進国の意識は、経済よりも安全保障に向かっていた。逆にアメリカの庇護下《ひごか》にいた日本は、安全保障はアメリカに任せておいて、ひたすら経済のことだけを考えていれば良かった。だからこそ、その時代は、官僚主導でも問題はなかった。

しかし、一九八九年にベルリンの壁が崩壊し、翌年には東西ドイツが統一され、一九九一年末にはソ連が消滅した。一気に冷戦が終結した。すると、答えのない未来が日本を待ち構えることになった。世界では経済のグローバル化への対応、そして日本では安全保障が大きな課題となっていく。

――情報処理能力だけを試される試験の優秀者、すなわち官僚だけでは対応できない世界の出現だ。

橋本は、官僚の限界を知悉《ちしつ》していた。だからこそ、ともすると官僚任せになりがちな細川・羽田内閣に、積極的に提言していったのである。

村山富市総理の補佐官の補佐として

野党に転落していた自民党は、一九九四年に社会党と新党さきがけとの連立を成し遂げ、政権に返り咲いた。このとき首班指名されたのは、社会党委員長の村山富市だ。

自社さ連立政権が発足するに当たり、三党は、念入りに打ち合わせを行った。円滑に政権運営ができるよう、社会党政策審議会長の関山信之《せきやまのぶゆき》、新党さきがけ政策調査会長の菅直人、自民党政調会長の加藤紘一の三人が何度も話し合い、政策決定システムを整備したのだ。同じ連立政権の細川護熙内閣や羽田孜内閣が短命に終わったのに対し、村山内閣が一年七ヵ月続いた理由は、この点にある。

村山内閣では、議員が総理大臣補佐官を務めることになり、社会党の早川勝《はやかわまさる》、さきがけの錦織淳《にしこおりあつし》、そして自民党の戸井田三郎《といださぶろう》が任命された。さらに「補佐官の補佐」が必要だという話になり、それぞれに一人ずつ職員が付いた。私は戸井田の補佐となり、村山内閣に深く関わった。

この村山内閣では、ときどき土曜日、総理大臣公邸で私的な勉強会を開催していた。講師には経済学者の宇沢弘文《うざわひろふみ》ら大御所を招いた。

勉強会は公邸の二〇畳ほどの会議室で行われた。真ん中に重厚な木製のテーブルが置かれており、周りに同じく木製のレトロな椅子が並んでいた。まるで古い洋館のダイニングルームのような雰囲気だった。

参加するのは総理を含めて少人数。勉強会中に、村山の次女で、秘書を務めていた中原由利《なかはらゆり》が、お茶とケーキを出してくれた。あくまでも勉強会であり、遊びではなかったのだが、なんとなく貴族のような贅沢《ぜいたく》な気分に浸ったことを覚えている。

そんな勉強会で村山と会うたびに、彼の人柄に魅了された。総理でありながら非常に謙虚で、自民党の職員である私に対しても腰が低かった。自身の秘書に対しても同様で、怒鳴ったりする場面は一度も見たことがない。

阪神・淡路大震災への対応における大誤解

村山が政権を担っていたあいだに、立て続けに二つの大きな出来事があった。阪神《はんしん》・淡路《あわじ》大震災と地下鉄サリン事件だ。

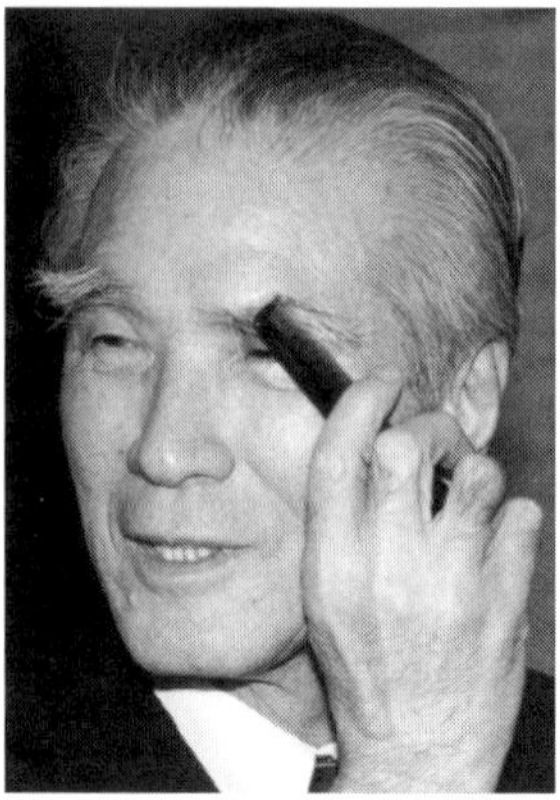

村山富市

阪神・淡路大震災では対応が後手に回り、村山内閣は大きな批判を浴びた。自衛隊に対する災害派遣要請の遅れをはじめ、兵庫県や神戸市といった被害を受けた地方自治体の状況把握の不手際にも、多くの疑問と批判が投げかけられた。

しかしその原因は、村山が自衛隊の出動を躊《ちゅう》躇《ちょ》したというより、自治体と自衛隊との疎遠な関係にこそあった。自治体と自衛隊が協力し、頻繁《ひんぱん》に防災訓練を実施することによって初めて、震災時に自衛隊が早期出動できるようになるものだ。一九六八（昭和四三）年の十勝沖《とかちおき》地震、一九七八（昭和五三）年の宮城県沖《みやぎけんおき》地震が、まさにそうだった。

また、二〇一一（平成二三）年の東日本大震災で宮城県の復興が早かったのも、事前に防災訓練をやっていたからだ。このときの自衛隊は活動しやすかったのである。

ところが阪神・淡路大震災の場合、それができなかった。なぜなら、兵庫県、大阪府、京都府といった阪神エリアは、地震が発生する以前から長きにわたり、自衛隊との防災訓練を拒否していた。その背景には、自衛隊を違憲とする革新勢力の存在がある。

「読売新聞」は、震災直後の一九九五年一月二九日、以下のように書いている。

〈自衛隊出動の遅れの背景には、神戸市などの「自衛隊アレルギー」がある。自衛隊との間で平素、震災訓練をしておらず、いざという時の対応が分からなかったのではないか〉

当時の兵庫県知事の貝原俊民《かいはらとしたみ》や神戸市長の笹山幸俊《ささやまかずとし》は、選挙で社会党からの支持を受けていた。笹山に至っては、一九八九年一〇月の初当選時より共産党からも支援を受けていたのである。自衛隊を違憲とする共産党の支援を受けた以上、当然、自衛隊との防災訓練などやっていない。それが災害派遣の遅れの最大の原因になったのだ。

村山総理の足を引っ張ったのは社会党

以前、総理大臣は毎年元日に、総理公邸の庭に親族や知人・友人、そして関係者を集めて、賀詞交換会を開催していた。村山が総理に就任して二度目の元日が迫っていた一九九五年一二月末、当時の総理秘書官、河野道夫《こうのみちお》から連絡があった。

「申し訳ないのですが、賀詞交換会の日は早めに来てもらえませんか？　会には自民党関係者がたくさん来られますから、田村さんに取り仕切ってもらいたいのです」

こういうのである。私は以前から職員として何度も賀詞交換会に参加していたので頼んできたというわけだ。

快諾した私は当日、早めに総理公邸に行って、現場を仕切った。その甲斐あって、会は大盛況だった。そうして無事に終わり、来客者が帰宅すると、河野が「田村さん、総理が呼んでいます」といってきた。

公邸の広間に行くと、村山は笑顔で迎えてくれた。少しお酒を飲んでいたのだろう。顔を紅潮させた村山は、私の手を握りながら、「田村君、今日は本当にありがとう」という。

私たちは乾杯をしてから、杯《さかずき》を重ねた。まさか社会党の総理と二人で酒を飲む日が訪れるとは、ついぞ思わなかった。大した話をしたわけではない。会に来た人の話などをしていただけなのだが、その合間に村山がうつむきながらボソッと呟いたことは、いまでも鮮明に覚えている。

「自民党のみなさんが、私のことを支えてくれてね、本当にありがたい。それに比べて社会党の人たちは、いろいろと足を引っ張ってばかりで……」

自民党と社会党が手を組むことに対して、自民党内には確かに反発があった。しかし、いざ連立を組んだあとは、議員も職員も、村山の下で懸命に働いた。一方の社会党内の反発は自民党より大きく、村山を守《も》り立てようとする人と、その真逆の人がいたのである。

この村山内閣の発足に際し、自社さは苦労して防衛政策の調整を行った。その結果、自衛隊や日米安全保障条約を否定していた村山は、この二つの存在を認めざるを得なくなった。しかし社会党の党内では、金科玉条《きんかぎょくじょう》のように主張してきた政策を捨てることに反対する勢力が強く、彼らに足を引っ張られていたのだろう。

ただ、私は自民党の職員だ。村山個人に忠誠心を持っていたかというと、それは違う。あるとき河野秘書官に、「田村さんは総理のためによく働いてくれるので、本当にありがたいです」といわれたことがある。そのとき私はこう返した。

「このあと橋本龍太郎が総理になったときのために、私はいま、一所懸命手伝っているだけですよ」

私は、村山の次は必ず橋本が総理になると確信していた。そして実際、その通りの展開になる……賀詞交換会から一〇日後の一月一一日、村山は退陣した。いま思えば、総理公邸で私と酒を酌み交わした時点で、村山はすでに、総理を辞めることを決意していたのかもしれない。

ファンレターに返事を書く橋本龍太郎

一九九三年に下野した自民党では、河野洋平が総裁に、森喜朗が幹事長に、橋本龍太郎が政調会長に就任した。当初、政調会長になるのは、三塚《みつづか》（博《ひろし》）派（清和政策研究会）か渡辺派（政策科学研究所）に所属する議員と見られていた。なかでも鹿《か》野《の》道彦《みちひこ》と野《の》田《だ》毅《たけし》が有力とされていた。一方、幹事長は、橋本が所属する小渕派（経世会）から選ばれることになると噂《うわさ》されていた。

政調会職員の人事異動で政調会長室長になることが決まっていた私は、鹿野か野田に仕えるつもりでいた。しかし、橋本が政調会長に選ばれたのである。

のちに橋本に政調会長に就任した経緯を聞いたことがある。自民党が与党なら、総裁は総理として官邸にいる。しかし野党になると、総裁はずっと党本部にいることになり、幹事長は総裁補佐のような役割を担わなければならない。橋本はそれが嫌で、政調会長を希望したのだそうだ。

橋本の就任が決まると政調会事務局内では、「橋本と田村は性格的にうまくいかない」と噂された。お互い短気で、気が強かったからだ。しかし、結果はそうはならなかった。

橋本が政調会長に就任し、政調会長室で最初に会ったときのことは、いまでも鮮明に覚えている。私は「これからお世話になります」と頭を下げた。すると橋本は「よろしく頼むよ」といい、「早速、一つ頼みがあるんだ」と続けた。どんな頼みかと思って聞くと、橋本はこう話した。

「実は、義母が病気で入院しているんだが、週に一度、見舞いに行くから、その時間だけは確保してもらいたい」

橋本の実母は、生まれて五ヵ月後に病気で亡くなった。橋本の育ての親は、七歳のときに継母としてやってきた正《まさ》だった。その正に対し橋本は、強い恩義を感じていたのだ。

この話を聞いて、なんて親孝行で義理堅い人なのだろうと思った。この橋本の義理堅さについては、さらに驚いたことがある。資料を渡すために政調会長室に入っていったときのことだ。橋本のデスクには手紙が山積みにされており、橋本はデスクに向かって何かを書いている。私は「何をされているのですか？」と聞いた。すると橋本はこう答えた。

「ファンレターの返事を書いているのだよ」

橋本は当時、自民党で一番の人気者だった。だから毎日のように全国からファンレターが届いていた。その一つひとつに返事を書いていたのである。

そんな橋本は、人生を賭けて社会保障や厚生に取り組んできた。「政治は弱い人のためにある」という信念があった。それが橋本の橋本たる所以《ゆえん》だ。

橋本龍太郎（左）と著者

橋本と私は二人で「長生きして幸せだったと思える国を作ろう」というスローガンを案出し、演説や論文などで頻繁に使用した。その後、民主党の菅直人が、月刊誌でまったく同じフレーズを使っているのを発見した。すかさず私は菅の事務所に電話をして、「橋本が使っているスローガンとまったく同じだ」と文句をいった。以来、菅はそのフレーズを使わなくなった。

菅が真似をしたわけではなく、たまたま同じフレーズになってしまったのかもしれない。ただ、考え方が自民党とはまるで違う菅直人がこのフレーズを使ったということは、イデオロギーなど関係なく、国の理想を表現したものであることは間違いない。

いずれにしろ、政調会長室長に就任したばかりの私は、親思いで義理堅い橋本の魅力を知ることになり、心の底から「この人のために尽くそう」と考えるようになった。

政調会長室での仕事の中身

政調会長室は小さな組織で、室長の私と二人の女性職員しかいなかった。三人で秘書官のように橋本をサポートしたのだ。

室長の私は、党内で誰よりも早く出勤するようになった。新聞各紙をチェックするからである。そして重要な記事はすべて切り抜いておく。橋本は、普段は午前九時に、部会に参加する日は八時に、本部にやってくる。橋本が政調会長室に到着すると、毎朝、「会長、こんな記事が載っています」と見せるのが私の日課だった。

ただ、橋本に見せる記事は絞り込んでおいた。橋本に限らず、政治家とのやりとりで気を付けなければならないことはたくさんあるが、その一つは、資料をドサッと渡さないことだ。政治家は多忙だ。大量の資料を見る余裕などないのである。

また、話しかけにくいときもある。橋本はデスクに向かって座ると、ただ一点を見つめていることが頻繁にあった。そんなときは何を話しかけても上の空だった。

とはいえ、伝えなくてはならないことが毎日いくつかあるものだ。スケジュールを組むのもその一つだ。そんなときはメモ用紙に要件を箇条書きにして、橋本にそっと見せていた。すると橋本は、うなずいたり首を振ったりしてくれた。忙しい政治家とのやりとりは、メモを見せるに限る。

ちなみに橋本に仕えた一一ヵ月のあいだで、一度だけ怒られたことがある。朝から会議で橋本と話す時間がなかったため、正午に政調会長室に入り、「打ち合わせをさせてください」といった。すると橋本は、「ちょっと待ってくれ。ニュースくらい見せてくれよ」というのだ。橋本が党本部にいるときは、正午になると、必ずＮＨＫのニュースを観ていた。以来、その時間帯だけは政調会長室には入らないように心がけた。

橋本龍太郎と秘書を警戒させた遺恨

ところで、ともに自民党の大物議員、加藤六月《かとうむつき》と橋本龍太郎は同じ選挙区で、二人の選挙

加藤六月

戦は「六龍戦争」といわれていた。詳細は後述するが、加藤が全国組織委員長を務めていたときには、私が加藤のために尽力《じんりょく》したことがある。すると、その後に行われた選挙では、加藤が橋本を抜いてトップで当選した。

政調会長室長になる以前、私は橋本と一度も話したことがなかった。しかし、橋本も橋本の秘書も、私のことをよく知っていた。「加藤をトップ当選させた職員」と認識していたのだそうだ。だから両氏ともに、最初は私を警戒していたという。実際に秘書からは、「田村さんは敵の加藤を応援したんでしょう」といわれたこともある。

しかし橋本は、「室長の人事を変更しろ」などとはいわなかった。その辺りは橋本の人の良さと器の大きさだと思う。

ただ、のちに分かったことだが、橋本は私を試していたのだそうだ。わざと政調会長室のデスクの引き出しのなかに札束を入れ、鍵もかけずに置いていたという。もし私が加藤派の人間だったら、橋本が不在のときにデスクのなかを漁《あさ》る、そして現金を見つけたら盗むかもしれない、そう考えていたのかもしれない。

余談になるが、当時、党本部では盗聴が行われているのではないかという噂もあった。自民党を離党したある大物議員が、党内に残っている議員と結託して、盗聴器を仕掛けたのではないか、と。そのため橋本は、事務局長を呼んで政調会長室をチェックさせた。

被害妄想だと感じる読者も多かろう。しかし、これも危機管理の一つ。政党は、こういう風な思考様式を持っている。特に橋本は、この危機管理のセンスに優れていた。

話を戻すが、私は加藤派の人間などではなかったし、当然、橋本のデスクをチェックすることもなかった。すると仕事をするうち、すぐに橋本はそのことを察して、私を信頼してくれるようになった。

私は真摯《しんし》に仕事に向き合った。橋本の政敵である加藤に尽くしたことがあるとはいえ、今度は橋本のために尽力した。党の職員とはそういうものだ。自分のそのときの上司のため一所懸命に働くだけであり、好き嫌いなどいったりしない。

なぜ橋本は会議への同席を求めたのか

いまだに心から橋本に感謝していることがある。政治家や役人との打ち合わせや会議に、すべて私を同席させてくれたことだ。

政調会長室は党本部の六階にある。廊下の突き当たりの扉を開けると、手前に政調会の職員の部屋があり、デスクが並んでいる。狭苦しい場所だ。私もそこで業務をこなした。この部屋にはテレビが設置されており、いつもＮＨＫの放送を流していた。

奥にはもう一つ扉があり、その向こうが政調会長室だ。政調会長室に入ると、向かって真ん中の奥に重厚な木製デスクがある。椅子は黒の革張り。橋本は普段、この椅子に座って仕事をしていた。

室長になって数日が経ったころ、橋本は私を呼び出した。そしてこういうのだ。

「悪いんだけど、役人や議員と打ち合わせするときは、必ず同席してくれないか」

政調会長室の入り口から向かって右奥に打ち合わせスペースがあり、長いローテーブルを囲むように、黒の革張りの一人がけソファが一つ、三人がけソファが二つ設置されていた。打ち合わせの際、橋本は必ず一人がけのソファに座り、客人が壁側の反対側のソファ、私がその向かいのソファに座った。

なぜ橋本は私の同席を求めたのか？　自分が何を考え何をしているかを知らしめておけば、仕事を進めやすくなる、そんな理由もあったはずだ。ただ、打ち合わせに同席することで私自身の知識が増えていったのは確かだ。橋本は、これを狙っていたのかもしれない。

たとえば厚生省（現・厚生労働省）の役人と社会福祉に関する政策案を打ち合わせていたころのこと。私は福祉政策に明るいわけではない。ただ、橋本と役人の話を聞き、意見を求められるままに回答していたら、自然に社会福祉のことも分かるようになっていった。

こうして自分の能力が向上していることに気が付いたとき、橋本が同席を求めた真意を確実に理解した。当時の自民党は野党。与党に返り咲き、政権を安定させるためには、優秀な議員だけではなく、優秀な職員も必要だ。だからこそ、橋本は私が常に同席することを求めたのである。

「田村君は橋本さんを操っている」

橋本は新聞や雑誌のインタビュー取材も受けたが、そのときも私は必ず同席した。初めて同席した取材では、あとで原稿が上がってきたとき、私が目を通して修正の指示を出した。こうして出来上がった原稿を再び読み、完成形になった段階で橋本に見せた。すると橋本は原稿をさっと読んで、「よし、いいだろう。それから今後は、君が原稿をチェックしてくればいいよ」といってきた。原稿を見て、「これなら田村に任せておけば大丈夫だ」と信頼してくれたのである。

このように橋本は、一度だれかを信頼すると、とことん仕事を任せてくれた。

橋本と石原《いしはら》慎《しん》太郎《たろう》が「二十一世紀委員会」を発足させ、各分野における将来のビジョンを策定し、文書「二十一世紀への橋―新しい政治の進路――二十一世紀委員会からの報告（自

石原慎太郎

由民主党新政策大綱試案）」としてまとめることが決まったときのこと。分野別に担当の議員が原稿を書くことになり、社会福祉は橋本が担当することになった。すると橋本は、「田村君、私は最近、忙しいよね」といってきた。何をいっているのだろうと私が戸惑っていると、こう付け足した。

「社会福祉の部分は、君に書いてもらいたいんだ」

私は「分かりました」とだけ答えた。そして、それまでの橋本の社会福祉に関する論文や発言を参考にしてまとめ上げた。それを見せると、その場で熟読してくれて、一言「合格」と告げた。一字の訂正も入らなかった。あのときは本当に嬉しかった。

当時の私は、原稿の執筆やチェック、政策案の作成や部会の資料の準備など、とにかく多忙で、毎晩、終電近くまで働いた。野党だったこともあり、橋本は基本的には党本部にいる。そのため橋本がいる時間は、自分自身の仕事はできない。夜になり、橋本が会合に出かけていくと、さっと自分の仕事に取りかかった。たまに午後九時ごろに帰れる日があると、守衛から「今日はお早いですね」と声をかけられたものだ。

そんな橋本から、あるとき「なんで君はそんなに一所懸命に働くんだい？」と聞かれたことがある。私は「会長がこけたら自民党もこけます。だから一所懸命やっているんです」と答えた。すると橋本は嬉しそうに笑っていた。もちろん私は、橋本を喜ばせるためにいったわけではない。正直な思いを伝えただけだ。

こうしたこともあり、橋本は、私を誰かに紹介するとき、「田村君は私の期待値の一二〇%の仕事をしてくれるんですよ」といってくれた。要求通りの仕事ではなく、それ以上の仕事をしていたということだ。職員として、こんなに幸せを感じる言葉はない。

のちに政調会長室長を辞めて政調会の国防・沖縄担当になったとき、沖縄に出張した。選挙について議論するため、沖縄県連で行われた会議に出席したのだ。衆院選や参院選はもちろん、地方選があると、職員も選挙に協力することになる。私も政調会という枠組みを超えて、全国を飛び回り、様々な候補者を支援した。だからこのときも沖縄に出張したのだ。

この会議には、自民党の県議会議員や県連関係者のほか、幹事長の森喜朗が出席していた。すると森は、彼らに私を紹介するに際し、以下のように伝えたのだ。

「田村君は橋本さんを操っている。党の役員会で私が質問すると、橋本さんは『田村君に聞いてくれ』っていうんだよ」

もちろん、これは森一流のお世辞、冗談なのだが、傍《はた》から見ていても、橋本と私は良い関係で仕事をしていたということだろう。

マイケル・グリーンが警戒した理由

橋本が政調会長を務めていたころ、アメリカの政治学者で、のちに国家安全保障会議の上級アジア部長を務めたマイケル・グリーンが自民党本部を訪れたことがある。私に会うための訪問だった。

近い将来、橋本が総裁になることは間違いなかった。ゆえに、橋本に関する情報を入手するために来たのだろうと推測される。グリーンとは党本部八階の会議室で話をした。

当時、アメリカはロシアや北朝鮮はもちろん、イランを強く敵視していた。しかし、橋本は個人的にイランと良い関係を築いていた。そのためグリーンは、橋本に対し強い警戒心を抱いていた。「橋本は反米だ」とさえ考えていたのである。

実はグリーンは、橋本の『VISION OF JAPAN：わが胸中に政策ありて』（KKベストセラーズ）を読んでおり、その内容から反米を感じ取ってしまったらしい。もちろん、読み方がやや間違っていたのだが。

私は橋本と、二冊の本を作った。この『VISION OF JAPAN：わが胸中に政策ありて』と『政権奪回論』（講談社）だ。ともに野党・自民党の政策と橋本の考えを広めるための本であり、私がプロデュースした。

本の出版については、当初は橋本も乗り気だったものの、一冊目の『VISION OF JAPAN』の制作が決まった直後に、「読売新聞の記者が反対しているんだ」といってきた。そこで私はその記者に会い、理由を質《ただ》した。当時は小沢一郎の著書『日本改造計画』（講談社）が爆発的に売れていた。そのタイミングで橋本が出版すると、小沢と比べられてしまい、見劣りしてしまう、それが記者の意見だった。

しかし私は以下のように反論した。

「自民党はいま野党です。野党になって以降、新聞で取り上げられる機会も減りました。だったら自分たちで国民に訴えるしかない。その手段こそが本の出版なんです。本を出さなければ、橋本は埋没してしまいます」

こう訴えたのだ。すると記者も納得し、その旨を橋本に伝えると、また乗り気になってくれた。

結局、『VISION OF JAPAN』は一〇万部も売れ、橋本には二〇〇〇万円ほどの印税が入った。のちに橋本は、「印税は地元の事務

マイケル・グリーン（左）、リチャード・アーミテージ（右）とともに

所の改築に使わせてもらったよ」と話してくれた。しかも、「これはお礼だ」といって、私には銀座英國屋の商品券をくれた。その商品券で仕立てたスーツは、いまでも大切に着ている。

さて、出版してしばらくすると、政調会長室に外務省の元高官が来た。そして橋本に、「橋本さんの本は英語に翻訳して出版すべきです」というのだ。すると橋本は私に目配《めくば》せしてきた。英語版を作れということだ。私は「分かりました」と答え、心のなかで喜んだ。

直後に翻訳者を手配、英訳版を制作した。そうして完成すると、アメリカの大統領や上院・下院議員に送付した。

グリーンに対しては、私は「イランと付き合いがあるからといって批判するのはおかしい。橋本は反米ではない。将来、必ず総理になる人間だ」といった。すると、アメリカも橋本に対する考え方を改めた。

次にグリーンが私のところに来たときには橋本は既に総理となり、ビル・クリントン大統領と日米安保共同宣言を出す直前だった。そこでグリーンに、「今回の日米安保共同宣言は、冷戦後の日米安保体制の再確認だ。そのなかには日米ガイドラインの見直しが入っている。その後の自民党の提言では、民間の飛行場や港湾など、いままで使えなかった施設を米軍が使えるようにすべきだと書いてある」と説明した。

グリーンにその部分を見せて、細かく解説した。するとグリーンは非常に喜んで、「グッド」と親指を立て、最後は笑顔で帰っていった。

橋本龍太郎と小泉純一郎の共通点

私が仕えていた一一ヵ月で、橋本の人気はどんどん上がっていった。当時の自民党では、橋本と田中眞紀子《たなかまきこ》が人気を二分していたように思う。ある世論調査では、「次期総理候補として期待する政治家」で一位になったほどだ。

そんな橋本は、各業界団体、マスコミ、地方議員を相手に多くの講演を行っていたのだが、その日程調整も私の仕事だった。

また、テレビの出演依頼も多く届いた。普通、政治家は、テレビの話が来ると喜ぶものだ。名前が売れ、次の選挙におけるアピールになるからである。しかし、橋本は逆だった。よほどのことがない限り、テレビには出ようとしなかった。

あるとき報道番組への出演依頼が届き、橋本に伝えた。すると橋本は、一言「断ってくれ」という。毎回そのように無関心な反応を示すので、「なぜ出演なさらないのですか？」と聞いたことがある。橋本の答えは以下のようなものだった。

「政調会長を辞めたら、もう依頼なんて来なくなるよ。俺の肩書だけ使いたいのさ。それに、テレビに出すぎると、国民は飽きてしまうものだよ。だから、たまに出る程度でちょうどいいんだ」

野党に転落したのだから、テレビに出て、国民に党や自身の考えをアピールすることは大切だ。しかし、出すぎるのも問題だという。橋本の話を聞いて納得した。

また、人気の政治家には夜の会合の誘いも多い。毎晩いくつもの会合に参加している政治家は、いまだにたくさんいる。ただ、橋本は一晩に一つの会合にしか参加しなかった。いくら誘われても一つだけにしていたのだ。ちなみにそれは小泉純一郎も同じようだった。

このように、とにかく橋本は、自分の体と自分の時間を大切にしていた。会合を断って、自宅で大好きな推理小説を読んでいたものだ。

当然、「橋本は付き合いが悪い」と文句をいう人もいた。しかし、政治家は付き合いが良ければ大成するというものではない。実際、安倍晋太郎や渡辺美智雄は、会合で体を壊して早死にしてしまった。政治家には断る勇気も必要だということだ。

ただ、橋本は二〇〇六（平成一八）年、六八歳のときに敗血症性ショックで死去した。なぜ会合を控え、体を労《いたわ》っていた橋本が短命だったのか？　それは、外国に行きすぎたからだと思う。時差は人の体を蝕《むしば》む。だから外遊ばかりしている総理や外務大臣は体を悪くしてしまうのだ。その点では、安倍晋太郎や渡辺美智雄も同じだ。安倍晋三総理も気にかかるところだ。

ちなみに海部俊樹内閣で外務大臣を務めた中山太郎《なかやまたろう》は医師の資格を有していた。そして外遊する際には、ファーストクラスの席に着くと、すぐに睡眠導入剤を飲んで寝ていた。やはり時差が体に良くないことを知悉《ちしつ》していたのだ。

通産大臣の受諾を迫ると橋本は

一九九四年に自社さの連立が決まり、村山富市が首班に指名されると、村山から橋本に「通商産業大臣をやってもらいたい」と打診があった。しかし橋本は、これを断ったのである。大蔵大臣か官房長官、あるいは外務大臣を希望していたからだ。

そのとき私は、橋本のもとを離れて国防部会担当に異動することが決まっていた。しかし、これは意見しなければならないと思い、政調会長室に入っていった。私が何をいいに来たのか察していたのだろう。橋本は少しバツの悪そうな表情をしていた。

私は早速、要件を切り出した。以下のように訴えたのだ。

「会長が通産大臣の話を断ったという話を聞きました。しかし、田中角栄も総理大臣になる前に通産大臣をやりましたよ。これからは経済界との関係も大事ですから、お受けになってはいかがですか？」

もちろん、それで橋本の考えを変えられるとは思っていなかった。私の正直な気持ちを知ってもらいたかっただけだ。私の話を聞いた橋本は、俯《うつむ》き加減に、しばらく押し黙っていた。「やはりやりたくないのだな。それなら仕方ない」と諦《あきら》めて帰ろうとしたところ、急に私の顔を見上げて一言、「分かったよ」といってくれた。私は嬉しくなり、「ありがとうございます」と頭を下げた。

この喜びを誰かに伝えたくて、政調会長室の客用ソファに待機していたＮＨＫの記者・大《お》越健介《おこしけんすけ》にこの特ダネを与えた。大越は私と同じ新潟出身で旧知の仲だ。情報を私に流してくれることもあれば、逆に私が流すこともある。

そしてこのときは、「橋本が通産大臣の話を受けた」と伝えた。ＮＨＫにも橋本が断るという情報が入っていたので、大越は最初、信じなかったが、政調会長室でのやりとりを話すと納得した。そして直後に、ＮＨＫは他局に先駆けて速報を流した。

橋本が通産大臣となり、そのタイミングで、当時は通産官僚だった江田憲司《えだけんじ》が通商産業大臣事務秘書官として政調会長室に来た。その際、江田に「私がここまで仕えてきて、橋本を世論調査で次期総理候補の一番にした。あとは君が支えてくれ」とお願いしたことを覚えている。

いずれ橋本が総理になることは明らかだった。そのときまで橋本を支えたいという気持ちもあったが、一一ヵ月の激務で、私の体は悲鳴を上げていた。顔面神経痛の症状さえ出ていたのだ。だから、党から受けた政調会長室長続投の申し出も辞退させてもらった。
ただ、橋本との一一ヵ月は本当に充実した毎日だった。私の人生で最も辛く、しかし最も楽しい時期だった。

村山内閣だからこそ実現できたこと

一九九八年に第八四代総理大臣に就任する小渕恵三は、遡《さかのぼ》って自民党が野党に転落したときには、自民党副総裁に就任していた。その当時、一九九五年に小渕が「訪韓団」の団長として韓国に行った際、私も同行した。

小渕恵三

自社さ連立政権下で迎えた一九九五年は敗戦から五〇年目だ。日本は中韓とのあいだに歴史問題を抱えており、これをどう総括するかが課題になっていた。そこで村山内閣では「戦後五〇年問題プロジェクト・チーム」を結成し、「慰安婦問題等小委員会」などの小委員会を設置、三党が議論を重ね、先の大戦への見解をまとめていった。

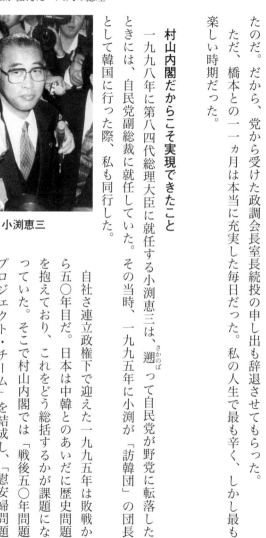

訪韓を終えて村山総理に報告する著者（右端）

それ以前には、大臣が日本の戦争責任を否定すると、マスコミや韓国から批判されて、辞任に追い込まれることもあった。だからこそ、先の大戦に対する見解のガイドラインが必要だった。私はそれこそが「戦後五〇年問題プロジェクト・チーム」を設置した大きな理由だと考えた。

これは、村山内閣だからこそ実現できたことだと思う。そしてここでも、私は自民党事務方の責任者を務めていた。

一九六五（昭和四〇）年に締結された日韓基本条約では、両国間の問題が〈完全かつ最終的に解決された〉ことが確認された。しかし当初、小委員会で、社会党の議員は「条約は無効だ」と訴えてきた。対する自民党の議員は「その認識では議論は先に進まないし、日韓基本条約を認めないと話にならない」と主張していた。

ざっくり書くと、日韓の問題は解決済みだが心情的に元慰安婦を支援する、というのが合意内容となった。そのため日本政府は、元慰安婦向けの基金を検討することになった。このように、自社さ三党が納得するかたちで調整していったのである。

この「戦後五〇年問題」での方針が固まった直後の一九九五（平成七）年三月、自社さ三党による「訪朝団」が北朝鮮を訪れた。団長は渡辺美智雄が務めた。訪朝団は、北朝鮮で、国交正常化への政府間交渉再開に向けて日朝双方が努力することを確認して帰国した。そして直後に訪韓する小渕らは、日本政府が北朝鮮で何を語ったのか、それを韓国政府に説明する役目があった。

小渕恵三を悪くいう人に会ったことがない

訪韓を翌週に控えた一九九五年三月末、党本部の副総裁担当から私に連絡があった。「小渕が会いたいといっている」との由。さっそく私は、党本部四階の副総裁室を訪れた。すると小渕は、「急に呼び出して申し訳ない」と、頭を下げてくる。自民党副総裁に頭を下げられれば誰でも恐縮するが、党の職員にも丁寧な対応をするのが、小渕の小渕たる所以《ゆえん》なのである。

このとき小渕は次のように話を切り出した。

「田村君も知っていると思うけど、来週、訪韓する。渡辺（美智雄）さんが訪朝して何を話したか、韓国政府に説明するんだ。ただ、訪韓に当たって一つ懸念がある。韓国側が慰安婦問題などの歴史問題について言及し、日本政府の考えを質してくるかもしれない。田村君は『戦後五〇年問題プロジェクト・チーム』の事務方責任者を務めたでしょう。だから、歴史問題について問われたときに、どう答えたらいいか、それを教えてほしいんだ」

もちろん朝飯前だ。「慰安婦問題等小委員会」などでまとめた方針を示した。〈政府及び与党としては、戦後五〇年を機会に、改めて、数々の苦痛を経験され、心身にわたり癒しがたい傷を負われた女性に対し、この際、心からお詫びと反省の気持ちを表す必要がある〉という認識を日本は持っており、請求権は日韓基本条約で解決済みだが、人道的な観点から基金の設置を検討している、そう伝えるのだ。

小渕は目を閉じて、深く頷《うなず》きながら、私の話を聞いていた。しかし私の話が終わると、なんと私に訪韓団に同行するよう頼んできたのだ。

「田村君、急で申し訳ないんだけど、訪韓団に同行してもらいたい。ほかの議員がおかしなことをいわないように、いまの説明をしてほしいんだ。また、韓国側から慰安婦など歴史問題に関する質問をされるかもしれない。どんな質問が想定されるか、そして質問に対してど

日韓会談での小渕恵三（ソファに座って正面を向く列の右端の人物）

う答えるべきか、模範解答なども作っておいてほしい」

少しだけ呆気《あっけ》にとられていたが、私は「分かりました」と答えた。そしてすぐに三階のデスクに戻ると、大急ぎで資料を作っていった。

ソウルに向かう四月二日、訪韓団のメンバーには、少し早めに羽田空港に集合してもらった。その控え室では、「戦後五〇年問題プロジェクト・チーム」で決まった方針を説明した。

このメンバーには麻生太郎《あそうたろう》や額賀福志郎、社会党議員らがいたが、私は作成した資料を配り、「元慰安婦に賠償金を払う予定はあるか？」といったような、想定される質問を読み上げ、その際どう答えるべきかを解説していった。

結論からいえば、このときの日韓の会談では、歴史問題への言及はなかった。訪朝団が北朝鮮で何をしたかの説明をしただけで、非常に友好的な会談となった。

ただ外交の場では、あらゆることを想定しておかなければならない。小渕もそれがよく分かっていた。だからこそ私に資料を作らせて、さらに訪韓団に随行までさせたのである。

私が作成した模範解答が使われることはなかった。しかし、模範解答があるだけで、政治家は安心して会談に臨める。だから、資料の作成や訪韓団への随行が無駄になったとは思わない。小渕も同じように考えていたようだ。帰りの飛行機では、「田村君、今回は本当に助かったよ。ありがとう」と、例の人懐っこい顔で、礼をいってくれた。

このように、小渕は非常に紳士的な人だった。詳細は後述するが、私が宏池会の事務局員として就職するきっかけを作ってくれた衆議院議員の村山達雄は、小渕について、「本当に誠実な人で、だからこそ総理になれたのだ」と話していた。

私は四〇年にわたって自民党で働いてきたが、確かに、小渕を悪くいう人に会ったことがない。

最後の「昭和の政治家」森喜朗

二〇〇〇（平成一二）年から総理大臣を務めた森喜朗は、何でもはっきりという人だった。党内では政策を議論する会議を頻繁に開催しているのだが、政治家は忙しい。だから自分の意見をいうと、途中退席する議員が少なくない。すると森は以下のように怒るのだ。

「おい、君！　途中で帰るのに発言するのは失礼ではないか」

森がいったことは正論だと思う。みな忙しいなか、時間を取って出席をしている。そんななか、自分のいいたいことだけいって帰るのは自分勝手すぎる。途中退席するくらい忙しいなら、最初から参加しなければ良いのだ。

また会議ではときどき、役人が説明しているときや議員が意見を発表しているときに、おしゃべりをしている議員がいた。すると森は、「うるさい！　静かにしたまえ」と怒鳴りつけたこともあった。こうしたことは一度や二度ではない。

森は時間にも厳しい人間だ。会議に遅れてくる人がいると、真っ先に叱《しか》り飛ばす。当然、森自身は遅刻など絶対にしない。

私は一九九九年に北信越ブロック議員会の事務方の責任者を務めた。これは、新潟、長野、富山、石川、福井の各県選出の衆参国会議員が集まる会だ。この議員会で森が会長となると、議員の出席率が大幅にアップ。森が主催者となったあとは、よほどの理由がない限り、遅れてくる人はいなかった。

私が自民党の職員となった昭和の時代は、森のような厳しい大物政治家ばかりだった。いわば「昭和の政治家」だ。彼らはよく若手議員を注意し、怒鳴り飛ばしたものだ。もちろん、怒られた議員は反発するし、なかには陰口をたたく人もいる。党内には森のことが嫌いだという議員も少なくない。ただ、組織には森のような嫌われ者も必要だ。森がいるだけで、周りの人間が緊張感を持つからである。党内の会議でも、森がいるときといないときでは、雰囲気がまるで違った。森がいると、みな真剣に話を聞き、真剣に討論するのである。

現在の自民党には森のような厳しい議員がいないのが残念だ。

政財界人に森喜朗が愛されるわけ

政調会長室長時代に森と沖縄県連の会議に出席したときの話は前述した。森は沖縄県連で私を紹介する際、「田村君は橋本さんを操っている。党の役員会で私が質問すると、橋本さんは『田村君に聞いてくれ』っていうんだよ」と述べた。すると参加者はみな笑い、場の雰囲気は一気に和《なご》んだ。

その後の会議も森を中心に進んだ。森は自分の意見を述べるだけでなく、参加者全員の意見を聞こうと努める。決して厳しいだけの人ではなく、気配りの人でもあるのだ。

パーティーでの森喜朗（左から２人目）と著者（右から２人目）、右端は防衛事務次官を務めた守屋武昌《もりやたけまさ》

二〇〇九年に自民党は野党に転落した。その直後に私は個人的なパーティーを開くことになり、何人もの議員に発起人になってもらいたいとお願いして回った。その一人が森である。

このときは森が党本部に来たときに、「いま、少しよろしいでしょうか？」と話しかけた。森は「何だね？」という。そこで私はパーティーの内容を説明したうえで、発起人のお願いをした。

すると森は、「よし、分かった」と即答。その場で上着のポケットから手帳を取り出すと、パーティーの日時を書き込んでくれた。しかもパーティー当日は、時間よりも少し早く来場してくれたのである。

あのときは多くの議員に発起人をお願いした。しかし、当日来てくれたのは森と武部勤《たけべつとむ》の二人だけ。繰り返しになるが、森は厳しいだけではなく、人に気配りもできる人だということを示すエピソードだ。

総理在任中から多くの批判を浴びた。発言をめぐって問題になったこともある。そんな森が、なぜ東京オリンピック・パラリンピック競技大会組織委員会会長に任命されたのか。政界や財界に、森の人間性を知っている人が少なくないからなのだ。

小泉純一郎の新幹線でのルーティーン

小泉純一郎と橋本龍太郎は、一九九五年と二〇〇一年は総裁選で争った。党内ではライバル関係にあったのだ。

私は政調会長室長として橋本に仕えた人間だし、小泉とは交流がなく、挨拶さえ交わしたことがなかった。党本部にやってきたときに何度か見かけた程度である。

一職員の感覚からすると、小泉は変わった人だという印象で、まさか総理になるとは思っていなかった。総裁選で二度敗北したときも、私は当然のことだろうと感じたほどである。

その小泉は、三度目の挑戦となった二〇〇一年の総裁選でやっと当選した。総裁選では候補者の橋本や麻生太郎が経済政策を語り、景気回復を訴えるなかで、一人だけ郵政民営化のほかに「孫子《まご》の代に借金を残してはならない」「若い人のことを考えなければならない」と叫んだ。将来に対する政治家としての視点をアピールしたのである。それが非常に盛り上がり、当選へとつながった。もちろん、「自民党をぶっ壊す」という台詞《せりふ》は、大向こうを唸《うな》らせた。

そんな小泉は二〇〇八年に政界引退を決意した。翌年、自民党が野党に転落することになる衆院選には出馬せず、神奈川一一区の後継候補には次男・小泉進次郎を指名したのである。

この選挙で小泉は、元総理として全国で遊説《ゆうぜい》した。自民党の候補者を応援するためだ。ただ、小泉の秘書や関係者は進次郎の選挙に回っており、小泉に随行する人がSPしかいなかった。

しかしSPは、あくまでも小泉の身の安全を守る存在。遊説をサポートするわけではない。だから小泉の秘書代わりとなるスタッフを付けなくてはならなかった。とはいえ、元総理に下手な人間を随行させるわけにもいかない。そこで私に白羽《しらは》の矢が立ったのである。

前述の通り、それまで私はまったく交流がなかったため、まずは小泉をよく知る職員の話を聞いた。随行するに当たっての留意点を調べたのだ。

職員の話によれば、小泉は毎朝、新聞各紙を読む。それも一般紙だけでなく、スポーツ新聞も全紙読むという。「朝、必ず全紙買い揃えて、小泉さんに渡してください」といわれた。

そうして迎えた遊説初日は関西に行った。私は朝、東京駅の売店で一般紙とスポーツ紙を全紙買い、新幹線のホームで小泉の到着を待っていた。すると予定より少し早く、ＳＰを従えた小泉がやってきた。

小泉純一郎

私は小泉のもとに駆け寄り、「政調会の田村です。今日から、しばらくお世話になります、よろしくお願いします」と頭を下げた。すると小泉は「よろしく頼むよ」といい、私が両手で抱えていた新聞に目をやった。そして、少しだけ頬を緩めた。心のなかで「私のことをよく分かっているじゃないか」と思ってくれたのかもしれない。

東海道新幹線のグリーン車に乗ると、小泉は窓側の席、私はその隣に座り、ＳＰは後ろの席に座った。

席に着くなり新聞を差し出すと、小泉は「ありがとう」とだけいい、その後は貪《むさぼ》るように読んでいた。最初は一般紙、それも「朝日新聞」から読み始めたと記憶している。隅々まで目を通していた。そしてスポーツ紙は、スポーツ面はもちろん、芸能面まで読み込んでいた。

私は横目で小泉の様子を窺《うかが》いながら、ただただ驚いていた。国会の答弁などから、小泉はおしゃべりで、どちらかというと落ち着きのない人なのだろうというイメージを持っていた。しかし、実際の小泉は逆だった。非常に寡黙《かもく》で、新幹線が目的地の京都に到着するまでの約二時間、小泉は紙面をめくるときを除けば、ほとんど動かなかった。トイレにも行かなかったし、車窓を眺めることもなかったし、飲み物さえ口にしなかった。とにかく新聞を読み続けていたのである。

そんな小泉の横にいて、前述の職員との会話を思い出した。職員は「小泉さんはとにかく新聞が好きなんですよ」といい、クスッと笑っていた。私も何だか楽しくなり、笑いを堪《こら》えるのが大変だった。小泉は、本人にその気はなくても、周りにいる人を愉快な気分にさせる人なのかもしれない。

全身に鳥肌が立った小泉の言葉

職員からは、もう一つ指示を受けていた。帰りの新幹線では日本酒を用意しておくということだ。小泉は日本酒が大好きで、それもカップ酒を好むという。

遊説の日はバタバタしているものだ。帰りの新幹線に飛び乗らなければならない可能性もあり、そんなときは駅の売店でカップ酒を買い求めるようにした。当時の銘柄は、ワンカップ大関だった。

こうして帰りの新幹線に乗り、日本酒と弁当を小泉に渡すと、小泉は弁当にはほとんど手を付けず、いつも黙って日本酒を飲んでいた。

また、静岡に行ったときのこと。その日はワンカップ大関だけでなく、月桂冠〈月〉や白鶴まるを買っておいた。

新幹線の席に着くなり、「小泉さん、今日は三種類あるんです」といって差し出した。すると小泉は満面の笑みを浮かべて「ありがとう」といい、一本ずつ美味しそうに飲んでいた。

小泉はカップ酒を飲むときは、必ず「田村君も一杯どうかね?」と誘ってくれた。帰京して仕事がないときは、私も一本いただいた。毎回、小泉はカップを掲げて小声で「乾杯」といってくれ、私は小声で「お疲れさまでした」と返していた。

そんな遊説も後半に差し掛かったある日のこと。二人でカップ酒を飲んでいると、疲れも手伝ってか、私はほろ酔い状態になった。その勢いで、ずっと小泉に聞きたかった話を振ってみた。

「小泉総理は郵政解散をやったでしょう。あの選挙は自民党の分裂選挙だったから、正直、

小泉純一郎と固く握手する著者

負けるのではないか、無謀なのではないかと思っていました。なぜ郵政解散に至ったのですか？」

　するとそれまで私を見ていた小泉は、ゆっくりと頭を動かし、車窓に目をやった。そうして、しばし沈黙が流れた。当時のことを思い出して、少し感傷に浸っていたのだろうか。そして一〇秒ほど経ってから、車窓に目を向けたまま、はっきりとした口調で、以下のように語ったのである。

「僕は郵政法案が通らなかったら、解散するといっていた。でも、誰も信用しなかった。亀井《かめい》（静香《しずか》）君も信用していなかっただろう。みんな『どうせ解散なんてできっこない』といっていたんだよ。でも僕はね、絶対に郵政法案を通すつもりだったし、もし通らなかったら、絶対に解散するつもりでいた。田村君、これを何というか分かるかね……信念だよ」

それを聞いた私は、全身に鳥肌が立ったことを覚えている。

総理という仕事は、長くやろうと思ってできるわけではない。ただ毎日、必死でやるだけだ。そのために必要なのは、自分が総理として何をやりたいかという信念を持つこと、そして、その信念を貫いて実現するための思い切りなのだ。

小泉は、まさにそれを持っていた。だからこそ、一九八〇日という長期にわたって総理を務め、郵政民営化を実現することができたのである。

噛めば噛むほど味が出る政治家

順番からいえば次の総理は安倍晋三になるが、最初の政権を降りたあとの話が中心になるため、まずは第九一代総理大臣の福田康夫《ふくだやすお》から語りたい。

福田が総理に就任する前の二〇〇五年、小泉内閣のもと、自民党が新憲法草案を作成した件については既に述べた。私は事務方として、「天皇に関する小委員会」「安全保障及び非常事態に関する小委員会」を担当した。そして後者の委員会で、福田が委員長を務めたのである。

同委員会は憲法九条についても議論したため、最も注目を浴びた。福田のほか、委員長代理に舛添要一、委員には、衆議院から石破茂《いしばしげる》、岩屋毅《いわやたけし》、大村秀章《おおむらひであき》、加藤紘一、瓦力《かわらつとむ》、玉《たま》澤徳一郎《ざわとくいちろう》、中谷元《なかたにげん》、中山太郎、額賀福志郎、野田毅、参議院から荒井正吾《あらいしょうご》、岡田直樹《おかだなおき》、世《せ》耕弘成《こうひろしげ》、武見敬三《たけみけいぞう》らが参加した。

二月一六日に党本部で行われた一回目の委員会では、まず福田が「重要な討議が続きますので、慎重に取り計らわなければなりません」と語った。福田は、委員会では終始一貫して、自らは語らず冷静に議論を見ていた。それが印象的だった。

議論が始まると委員は自らの意見を語った。たとえば村山内閣で防衛庁長官を務めた玉澤は、「憲法九条は改正すべきです。そして自衛隊を軍にするのです」と訴える。また大村は、「集団的自衛権は国連憲章でも定められているので、憲法に明記すべきではありません」と語る。一方、石破は、「憲法九条で謳われている〈武力による威嚇《いかく》又は武力の行使は、国際紛争を解決する手段としては、永久にこれを放棄する〉の〈国際紛争〉にはテロは含まれるのでしょうか」と、問題を提起した。

委員会のなかで、私は福田から「自衛隊の海外における主要な活動」についてレクチャーするよう指示された。そこで、ＰＫＯの目的や実績などを細かく説明していった。

保守的な議員とリベラル寄りの議員で意見は割れたものの、三回にわたる委員会を経て、要綱をまとめた。内容は以下の通りである。

〈1・戦後日本の平和国家としての国際的信頼と実績を高く評価し、これを今後とも重視することとともに、我が国の平和主義の原則が普遍のものであることを盛り込む。さらに、積極的に国際社会の平和に向けて努力するという趣旨を明記する。

2・自衛のために自衛軍を保持する。自衛軍は、国際平和と安定に寄与することができる。

3・内閣総理大臣の最高指揮権及び民主的文民統制の原則に関する規定を盛り込む〉

この要綱で注目すべき点は、「自衛軍」と明記したことだろう。ただ、保守派の議員が考えるような憲法改正を強く訴える内容ではなく、極めてバランスのとれた内容になった。

各委員会の担当議員を決めたのは、起草委員長を務めた森喜朗だ。同委員会には安全保障のエキスパートが配置された。

ただ、委員長は福田だ。これには森の考えがあった。内閣官房長官を務めた福田は常に冷静だ。しかも、調整型でリベラル色が強い福田を委員長に据えれば、憲法改正への風当たりを弱めることもできる。

そして福田は、野党に協力してもらえる新憲法草案を作っていった。結果、左派メディアからの批判はあったが、ある程度の評価を得ることができた。

ワシントンのシンクタンクで会談する福田康夫（左から２人目）

ちなみに二〇〇九（平成二一）年に野党に転落した際にも、谷垣禎一《たにがきさだかず》総裁のもとで憲法改正案を作った。このときは野党だったこともあり、自民党色の強い保守派の意見を多く取り入れた。そのため、二〇〇五年の新憲法草案より大きな批判を受けることになってしまった。

福田とは、議員外交で、一緒に訪米したこともある。そして、「安全保障及び非常事態に関する小委員会」でも密に連携した。福田との関係が濃密だとはいわないが、一緒にいて感じたのは、自己主張をあまりしないで、人の意見をよく聞いてくれるということだ。

ただ、弁が立つほうではないので、一見すると面白みがない人物のように思われてしまう。一方、口調は穏やかなのだが、エスプリの利《き》いた皮肉や冗談をいうこともある。噛めば噛むほど味が出る、スルメのような人物なのだ。

委員会では、各議員に「あなたはどう考えますか?」と、必ず質問していた。私も何度か意見を求められた。

このように、福田は調整型の政治家だといえる。だから党内に敵は少なかった。敵が少ないというのは、政治家における大きな武器となる。二〇〇七年の総裁選で勝利した福田を見て、私はそれを強く感じたものだ。

麻生太郎が見せた優秀な政治家の条件

次は第九二代内閣総理大臣の麻生太郎について書きたい。

私が研修局にいた一九八〇年代前半、自民党青年局局長を務めていた麻生と全国街頭遊説に回ったことがある。私は職員として、移動時の世話をし、各県連の職員との打ち合わせを取り仕切る。あるいは演説中の進行を管理したり、時には各議員の演説内容に関してアドバイスをすることもあった。要は芸能人におけるマネージャーのような役割を担った。

麻生は当時から洒落者《しゃれもの》で、シワ一つないスーツをビシッと着こなしていた。

政治家は見た目に清潔感がなければならない。もちろん、政治家に限ったことではなく、男は服装も髪型も清潔感を大切にすべきだと思っている。タレントではないのだから、必要以上にお洒落をする必要はないのかもしれない。ただ、不潔であってはならない。髭《ひげ》を生やすなど以《もっ》ての外《ほか》だ（イラクの族長たちとスムーズに折衝するために髭が必要になった、後述の佐藤正久《さとうまさひさ》は例外だが）。

私がそう考えるようになった理由の一つは、いつも服装や髪型が決まっていた麻生の影響があるのかもしれない。とにかく彼は、いつも格好が良かった。

遊説中はバタバタしているため、麻生と二人きりでゆっくり話すことはなかった。ところが、ある日、遊説の合間に「田村君、文化活動はどうかな？」と話を振られた。

私がそれまでにレクリエーションやスポーツ、そしてボランティア活動に取り組み、それに関連した冊子を作ってきたことを麻生は知っていた。そのうえで新たな取り組みを提案してきたわけだ。

文化活動？　一瞬、難しいと思ったが、「できません」といったらお仕舞いだ。議員からの信頼も失ってしまう。できないことに挑戦するのが仕事だと思い直し、「分かりました」と答えた。こうして悪戦苦闘の末に、後日『文化活動のすすめ』を作った。

そのとき麻生にはゲートボールを提案した。

「ゲートボール大会はいかがでしょうか。若い人も、いつかは高齢者になります。そこで、高齢者のための大会を設け、若者の手で、高齢者のためにゲートボール大会を運営するのです。それを見ていた子供たちが若者になったら、また高齢者のために大会を運営する。こうした三世代の連携と協力があると、地域社会の三世代交流も活性化するのではないでしょうか。それを自民党の青年局でやったらどうでしょう」

遊説で全国を回っていると、早朝からゲートボールをやっている高齢者をたくさん見かけた。ゲートボールが好きな高齢者は多い。その運営を若者が手伝い、その若者がいずれ高齢者になったときには、また次の世代の若者が手伝うのだ。そうしたサイクルができたら良いのではないかと考えた。

しかし麻生は渋い顔をして、「それは悪いアイデアではないけど、自民党という色が付いているから、特定のスポーツ大会を主催するのは駄目だな」という反応だった。ただ、そこで却下をしないで、きちんと対案を出してきた。さすがはのちに総理になる男である。麻生は「それをJC（日本青年会議所）にやらせよう」というのだ。

東京に戻ってしばらくすると、麻生から電話があった。「いますぐ事務所に来てくれ」という。議員会館ではない麻生の個人事務所に行くと、次に日本青年会議所会頭となる斉藤《さいとう》斗《と》志二《しつぐ》がいた。斉藤は四年後に衆議院選挙で初当選する人物だ。

この場で麻生は、斉藤に、ゲートボール大会に取り組むよう指示を出した。こうしてJC

麻生太郎（中央）と著者（右）

主催のゲートボール大会の開催が決定した。大会は私のアイデアをもとに「三世代交流」と謳われ、高齢者だけでなく、若者と子供も参加した。世代を超えた交流が大きな目的になったのである。

私はせっかくだからこの大会をもっと盛り上げたいと思い、総理大臣の中曽根康弘に優勝カップを出してもらえないかと考えた。早速、官邸の中曽根《なかそね》弘文《ひろふみ》総理秘書官に面会して相談した。しかし中曽根秘書官は「それは無理です」という。理由を聞くと、「スポーツ大会に対しては、簡単に総理大臣杯は出せない」のだそうだ。

そういわれて引き下がるわけにはいかない。私は前述の所信表明演説で中曽根総理が語った「戦後の日本の国の理想として、

渡部恒三

『たくましい文化と福祉の国』を作るという新しい目標を高く掲げるときが来ていると思う」という言葉を持ち出した。ＪＣ主催のゲートボール大会も、「たくましい文化と福祉の国」を作るためのもので、三世代交流という新たな地方活性化策でもあると力説したのだ。

すると中曽根弘文秘書官は理解し、中曽根総理を説得してくれたようだ。そうして最終的には中曽根総理が優勝カップを提供してくれることになったのである。

完成したカップを総理官邸にもらいにいくときには、麻生のほか、ゲートボール大会の運営を手伝うことになっていた青年局次長の平沼赳夫《ひらぬまたけお》と古賀誠《こがまこと》も同行した。

大会は世田谷区内の公園で行われ、開会式には厚生大臣の渡部恒三《わたなべこうぞう》が来てくれた。大会が盛況だったことはいうまでもない。

もし麻生が、自民党ではなくＪＣに大会を主催させると思いつかなければ、私のアイデアが実現することはなかっただろう。人の意見を駄目だと斬り捨てるのは簡単だ。そうではなく、その意見を実現するためにはどうすべきかを考えて動く。それが優秀な政治家の条件であり、麻生という男なのだと実感した。与党の政策に文句をいうばかりの野党議員とは違うのだ。

総理辞任のあと安倍晋三が行ったこと

安倍晋三は二〇〇六年、小泉純一郎のあとを継いで総理大臣に就任するも、二〇〇七年七月の参院選で小沢一郎率いる民主党に大敗。その直後、病気を理由に、たった一年で辞任することになった。

その後は福田康夫内閣、麻生太郎内閣と続くも、メディアは執拗《しつよう》にバッシングを繰り返し、国民からの支持を失った自民党は、二〇〇九年の衆院選で野党に転落したのである。

しかし、三年三ヵ月にわたって政権を担った民主党は、外交では同盟国・アメリカの信頼を失い、国内経済も低迷させた。さらには、歴史問題などを抱える中国や韓国に弱腰な姿勢を見せ、完全に舐《な》められてしまった。また、東日本大震災の対応も遅れに遅れた。

多くの国民が、もう民主党に政権を任せてはいられないと感じていた二〇一二年九月、自民党では総裁選が行われた。出馬したのは石破茂、町村信孝、石原伸晃《いしはらのぶてる》、林芳正《はやしよしまさ》、そして安倍晋三の五人である。

結果的には、地方票での支持を集めた石破が、一九九票を獲得して一位になった。しかし過半数（二五〇票）に達しなかったため、一四一票を獲得して二位になった安倍と争うことになった。結果、議員による決選投票で安倍が一〇八票を獲得し、当選した。石破への票は八九票だった。

安倍晋三

投票が行われる九月二六日まで、石破の勝利が確実視されていた。私も石破が勝つと思っていたし、正直にいうと、国防・安全保障担当で付き合いの深い石破に投票していた。当時はまだ、安倍は体調が悪いのではないかと思っていたからだ。しかも安倍が所属していた清和政策研究会からは、領袖《りょうしゅう》の町村も出馬していた。そのため、票が割れてしまうのではないか、とも考えていたのだ。

しかも、当時の石破は輝いていた。一方の安倍は、二〇〇七年に総理を辞任して以来、ずっとどん底にいた。いまだからいうが、党内には「なんでまた総裁選に出るんだ」という不満の声もあったほどだ。

では、なぜ安倍は当選したのか？　総理を辞任したあと、全国への遊説で、積極的に若手議員たちを応援していたからである。二〇〇七年から二〇一二年までの五年間、ずっと街を歩き、汗をかき続けていたのだ。

　だからこそ、安倍は、若手議員から多くの支持を集めた。「何がなんでも安倍だ」といって熱狂的に応援する議員もいたほどだ。清和政策研究会の領袖たる町村が出馬していたにもかかわらず、配下の若手議員が多数、安倍に投票した。そのため安倍が勝ったのである。

存在感の薄い秘書から総理大臣に

大学を卒業したあと神戸製鋼所に入社していた安倍は、一九八二年、父であり外務大臣の安倍晋太郎の秘書として政界入りした。私が初めて晋三を見かけたのも、そのころのことだ。ただ当時、晋三は、現在ほどの存在感はなかった。

　後述するが、私は晋太郎の遊説に随行したことがある。そのときに派遣された秘書は晋三ではなく、外務省から派遣された秘書官だった。晋三に関する噂《うわさ》も特になく、のちに議員になるとは思っていたものの、幹事長を務め、官房長官を務め、まさか総理大臣にまで上り詰めるとは思ってもみなかった。

　安倍が頭角を現したのは小泉純一郎内閣のとき。その前の森喜朗内閣で官房副長官になり、小泉内閣でも続投。その後は幹事長を務め、官房長官にもなった。小泉は意図的にポストを与え、そのポストで晋三を育てた。安倍の拉致問題に対する取り組みを観察し、二〇〇二年の日朝首脳会談に同行させるうちに、政治家としての可能性を感じたのかもしれない。加えて、晋太郎に対する恩義もあったはずだ。

また当時、民主党では、前原誠司《まえはらせいじ》を中心とする若手議員に注目が集まっていた。だから、自民党もフレッシュな若手にスポットライトを当てたかった、という事情もあった。

こうして安倍は、短期間で、党の重要ポストを歴任していったのである。

総理になるまでの安倍には、政治家としての能力だけでなく、やはり運もあったと思う。政治家には絶対に運が必要だ。ただ、二〇〇六年に最初に総理になったときには、運に見放された。就任したタイミングが悪かったのだ。

前任者に人気があると、次の総理は不人気になるもの。安倍の前任者は、抜群《ばつぐん》の人気を誇った小泉だった。だから安倍の人気は低迷してしまったのである。

ただ、それで終わらないのが安倍の凄いところだ。総理を辞任したあとは一兵卒として努力を続けてきたのだが、再び運が味方した。総裁選に勝利すると、民主党政権の野田佳彦《のだよしひこ》総理が解散を決め、あっという間に総理に返り咲いたのである。安倍は能力があるだけでなく、大物政治家に必須な強運を持ち合わせているように思う。

父よりも決断力がある安倍晋三

安倍晋三の総理としての魅力は、バランス感覚だと思う。

かつて総理を務めた橋本龍太郎や小泉純一郎は、わが道を進むタイプの政治家だった。前述した通り、両氏は会合にあまり参加しなかった。それで付き合いが悪いと陰口をたたかれても気にしなかった。両氏は周りの評価など気にしなかったのである。

逆に、総理の座をつかめなかった安倍晋太郎や渡辺美智雄は、周りに対して丁寧すぎた。もし総理になっていたら、すぐに疲弊《ひへい》していたはずだ。総理を長く務めるには、一つひとつの仕事に全力で取り組まなければならないが、いい意味で雑な面も必要なのである。

その点、安倍晋三は、両方の面を持ち合わせている。だからこそ、長期にわたって安定した政権運営を実現しているのではないだろうか。

安倍を見ていると、父・晋太郎から受け継いでいると感じる面がある。それは誠実なところだ。誠を大切にしている。有権者への対応を見てもそうだ。大先生といった雰囲気はなく、いまでも腰が低い。

その一方で、安倍は父よりも決断力があるように思う。何かを変えるとき、何かを始めるときには、必ず賛否両論があるもの。政治は優しさだけではできない。批判をものともしない精神力と決断力が必要なのである。

その決断力を安倍は持ち合わせている。だからこそ、大半のメディアを敵に回しながらも、集団的自衛権を含む平和安全法制の整備など、戦後の日本が抱えていた課題を克服できたのだ。

歴史を振り返ると、名前すら思い出せない総理大臣もいる。そのなかで安倍晋三は、何年経っても国民から思い出される、そんな総理になることは間違いないであろう。

第二章　自民党政務調査会の使命

生徒会選挙で起きた奇跡

私の政治との出逢いは高校時代まで遡《さかのぼ》る。私が通った高校は新潟県栃尾市《とちおし》（現・長岡市）にある県立栃尾高校だ。当時、県内で偏差値が高い学校といえば長岡高校だった。私は中学時代に良い成績を収めていたため、長岡高校への進学も可能だった。しかし、自宅から通うのは不可能だった。両親から「心配だから、家から通える学校に行け」といわれたこともあり、一九六九年、栃尾高校に入学したのである。

実家で両親は小さな繊維加工の工場を経営していた。従業人を数人雇い、朝から晩まで作業をして、やっと儲けが出る小さな工場だった。両親は毎日忙しくしており、私が部屋で勉強していると、「勉強なんてもういいから仕事を手伝え」とよくいわれたものだ。

中学校時代、栃尾高校への模擬試験の成績が校内で一番だった私は、高校入学後も懸命に勉強した。栃尾高校内で一番の成績を取りたかったからだ。しかし、高校には他中学からの秀才がたくさんおり、どうしても一番にはなれなかった。

そこで私は高校三年生になったとき、別のことで一番を目指すと決めた。生徒会長になることである。生徒会長は、いわば生徒の代表だ。だから生徒会長も一番であることに変わりはない。そう考えた私は、生徒会長選挙に立候補した。

私は入学直後から、生徒会の存在を意識していた。たとえば中学校時代に全校集会で意見をいっても、最終的に生徒たちは生徒会執行部の意見に賛成した。そのとき、自分の意見を通すためには壇上の生徒会執行部の一員でなければならない、という事実を知った。政治でいえば、与党として政権を取らなければ政策は実現しない、野党では駄目、それと同じだ。

そのため高校三年生になり、生徒会選挙を迎えると、私は迷わず立候補した。しかし、対立候補は珠算部の生徒で、校内最大組織からの出馬だった。当然、この生徒が本命であり、当選が確実視されていた。クラスメイトからは「無理じゃないか」ともいわれた。もちろん、私自身も難しいだろうと感じていた。

この選挙戦の最後には、全校生徒の前で公開討論会が行われた。有権者たちにアピールできる最高の機会だ。私はこの討論会にすべてを賭けることにした。

かくいう私は、高校二年生のとき、クラス代表として意見発表会（弁論大会）で演説をした。そのときは初めて人前で話したので、出来は最悪。演説中に聴衆から「へたくそ！　デブ！」と野次られた。

このとき私は壇上で、こうした経験は必ず将来に活きるはずだと確信していた。次のように考えたからだ。

「いま俺は壇上で恥をかいている。下にいる生徒たちはただ批判し、俺をバカにしている。

でも、壇上で演説を経験した俺のほうが絶対に得をしているぞ。なぜなら大人になれば、必ず人前で話をすることになる。そのための練習をしていると思えばいいんだ」

討論会は、立候補者である二人が初めにスピーチ、そのあと生徒からの質問に答えるかたちで行われた。最初はお決まりの質問に対して交互に回答していく。たとえば「生徒会長になったら何をやりたいか?」、あるいは「いま学校で最も改善すべき点は何か?」といった質問だ。こうした質問は想定されていた。

討論会は進んでいった。そうして挙手した生徒たちから質問を受けることになった。こうした質問の答えは、その場で考えなければならず、対立候補が徐々にオドオドしていくのが分かった。

対する私はというと、弁論大会での経験が活きた。決して上手に話せたわけではないが、肝だけは据わっており、すべての質問に対し、堂々と答えることができたのだ。そしてそれは同級生や後輩たちの心をつかんだようで、討論会の会場となった体育館では、私が答えるたびに万雷《ばんらい》の拍手が起きた。しかも、その多くは女生徒によるものだった。私はすっかり気分が良くなった。

とはいっても相手は校内最大の組織を持っている。いくら討論会で私が優勢だったとはいえ、勝てる確証などない。だから私は選挙を手伝ってくれた友人の選挙参謀に、「結果は落選だろうけど、やることはやったから、悔いはないよね」と話していた。討論会で人気を博し、ただ清々《すがすが》しい気分だった。

そうして迎えた選挙当日。奇跡が起こった。なんと五〇票差で私が当選したのだ。このとき私は、選挙とはなんて面白いものだろうと感じた。そして、まだ漠然とはしていたが、将来は政治の世界に進みたいと考えるようになったのだ。

生徒会長として実感した政治の力

生徒会長になった私は、自分の考えを実現させることになる。もちろん、高校生だった私に大それた考えがあったわけではない。が、それでも学校生活を改善するため、いろいろと頭を巡らせた。

私が実現させたのは、たとえば登下校する際の靴に関する校則の改正だ。当時、高校では、登下校時に指定の革靴を履くことが義務づけられていた。しかし、新潟は豪雪地帯である。私は長靴や運動靴で登下校したいと考えた。そしてそれを生徒会で議題に取り上げ、生徒たちから賛同を得た。その後、学校側と交渉した結果、運動靴での登下校が認められるようになったのである。

また当時、校内には飲料の自動販売機がなく、昼休みに弁当を食べるときも、生徒たちは持参したお茶か水道水を飲むしかなかった。そこで私は、ジュースは無理でも、せめて牛乳の販売機を設置しても良いのではないかと思い立った。早速、生徒会で議題に取り上げると、やはり、みなは賛同してくれた。そうして翌月には校内に販売機が設置されたのだ。

毎朝毎夕、運動靴で登下校する生徒や、昼休みに牛乳を飲んでいる生徒を見るたびに、政治の面白さを実感したことをよく覚えている。

生徒会長になって感じたのは、ルールを決められる地位に就いて行動を起こせば、何事も実現できるということだ。逆に、いくら願望を抱こうが、決められる地位に就いていなければ、小さなことすら実現できない。政治とはそういうものだと、私は生徒会長としての経験から学んだ。

いまだにその考えは変わらない。だから、与党にいなければ政治的には意味がないと思っている。

弁論大会で優勝を連発した秘訣

高校を卒業した私は、一九七二年に拓殖大学政経学部に入学した。大学では学生自治会に入り、学内で弁論大会があると積極的に参加した。

弁論大会は年に数回開催された。大学一年で最初に出場したときには上手《うま》くスピーチできなかったが、二回目の出場では二位になった。そして三回目には優勝。その後も優勝が続いたため、大会主催者の雄弁会から「あんたが出るとまた優勝してしまうから、他の人が出なくなるので、もうやめてくれ」といわれるに至った。

なぜ人前で上手くスピーチできるようになったのか。急に上手くなったわけではない。最も重要なのは、とにかく世の中の事象を勉強することだ。

そんな大学時代、一～二年生のときは大学の恒心寮《こうしんりょう》に住んでいた。この寮では厳しい上下関係を強いられたが、その後、三年時からは、村上春樹《むらかみはるき》も住んでいたことのある有名な学生寮、和敬塾《わけいじゅく》に入塾した。

ここでありがたかったのは、多くの識者の話を聞く機会に恵まれたことだ。こうした人たちを講師にして、寮内で頻繁に講演会が開催されたのである。私はそのたびに積極的に参加し、知識を得るだけでなく、識者たちから人前でスピーチする際のコツを学んだ。

弁論の練習はシンプルだ。まずはスピーチ原稿を作り、その後は声に出して何度も練習するだけである。ただ、私が心がけたのは、弁論大会のたびに勉強量とスピーチの練習量を増やしていくこと。当時、大学内に、私ほど練習した人はいなかっただろう。こんな努力が実り、何度も優勝できたのだと思う。

ちなみに弁論大会では、政治をメインに様々なテーマでスピーチをしたが、最も印象に残っているのは、三年時の総長杯弁論大会で選挙制度について語ったときのことだ。

当時の日本では、衆議院議員選挙に中選挙区制が用いられていた。しかし一九七三（昭和四八）年、第二次田中角栄内閣が小選挙区制の導入を目指し、公職選挙法改正案を作成した。すると社会党の議員らが「カクマンダー」だと批判したことがあった。特定の政党や候補者が有利なように選挙区を区割りすることを意味する「ゲリマンダー」をもじったのだ。ちなみにそれ以前にも、鳩山一郎《はとやまいちろう》内閣が小選挙区制導入を図った改正案が、「ハトマンダー」だといわれて批判されたことがあった。

しかし当時の私は、小選挙区制度の導入を目指す田中を支持する立場でスピーチした。自民党には派閥があり、中選挙区制では、どうしても政策中心の議論ができない。だから小選挙区制にすべきだと訴えたのである。

新潟を激変させた田中角栄の影響

私が政治を志すようになったのは、高校時代に生徒会長を務めた経験ともう一つ、やはり故郷・新潟が生んだ天才政治家、田中角栄の存在がある。

田中が総理に就任する以前の新潟は、まさに「裏日本」そのものだった。私が子供のころの話である。毎年、豪雪による災害もあった。

一九六三（昭和三八）年一月の豪雪、いわゆる「三八《さんぱち》豪雪」では、雪が積もりすぎたため、二階から家への出入りをしたほどだ。また、他県から陸路で物資を運ぶことができなくなり、自衛隊が空路で食糧を運んでくれた。自衛隊のヘリコプターが小学校の校庭に着陸する光景は、いまでも鮮明に覚えている。

雪に悩まされていた新潟には、必ずしも明るい印象はなかった。

このころ父が、「山口県は凄いそうだ」と話したことがあった。実際、半分は日本海側で「裏日本」の山口県では、すでに道路が綺麗に整備されていた。その理由は単純で、戦後に岸信介《きしのぶすけ》と佐藤栄作という二人の総理を県から輩出していたからだ。だから首都圏ではないにもかかわらず、急速に道路整備がなされていた。

田中角栄

しかし、一九七二年に田中が総理になると、新潟の道路もどんどん整備されるようになった。上越新幹線についてもそうだ。政治の力は凄いということを実感した。

そんな新潟では、他県と比べると、政治に強い関心を持っている人が多いように思う。間違いなく田中の影響だ。田中が出る以前と以後で、新潟は激変したからだ。

かくいう私は、田中と直接的な接点はなかった。ただ、子供のころから偉大な政治家であることは知っていた。一度だけ選挙中に県内で演説を聞いたことがあり、その内容は、いまでも鮮明に覚えている。演説は新潟県民に夢を与える内容だった。あのしゃがれ声で、以下のように語っていたのである。

「裏日本も表日本もない。みなさん、考えてみてください。新潟に雪が降るのはハンデキャップですか？　そんなことはありません。雪が降ると、その間は土地が休まる。そして綺麗な水もあるからコシヒカリという、日本で最も美味い米ができるんです」

田中の「裏日本も表日本もない」という言葉は、私に大きな希望を与えてくれた。必ずしも明るいとはいえなかった裏日本・新潟を、もっと陽の当たる県にしたい、そう考えるようになった。そして徐々に、政治家になることを真剣に考えるようになったのだ。

宏池会の錚々たる議員を前にして

政治の道に進むことを決めた私は、大学四年生のとき、それを父に話した。すると父は、地元で後援会を支援していた自民党所属の衆議院議員、村山達雄を紹介してくれた。村山は、のちに竹下登内閣と宇野宗佑内閣で大蔵大臣を務める政治家だ。こうして村山の口利き《くちき》で、宏池会の事務局長を務めていた木村貢《きむらみつぎ》、そして村山の第一秘書だった高橋道《たかはしとおる》と面会し、その場で宏池会の事務局員見習いになることが決まった。

宏池会は自民党の派閥の一つで、のちに総理になる池田勇人《いけだはやと》が、一九五七年に創設した。本書を執筆している時点では岸田文雄《きしだふみお》が会長を務めているが、私が働き始めた一九七五年当時は、三木武夫内閣で大蔵大臣を務めていた大平正芳だった。

かつての派閥には、領袖を総理大臣にするという意志が極めて強かった。そして領袖は、所属する議員の面倒を見る。だから、派閥の結束力は現在よりも強固だった。

当時、宏池会の事務所は東京・赤坂のビル、日本自転車会館の五階にあった。ちなみにこのビルは、二〇一三年、再開発に伴い取り壊され、宏池会の事務所は、永田町の全国町村会館に移転した。

加藤紘一

この宏池会の事務所は、扉を開けると職員の大部屋があり、奥に議員の部屋と会議室があった。事務員は私を含めて五人いた。

議員の部屋の一番奥の席には、会長代理の鈴木善幸がいつも座っていた。その手前の席には、新人だった加藤紘一や瓦力、伊東正義《いとうまさよし》、佐々木《ささき》義《よし》武《たけ》、田沢吉郎《たざわきちろう》、谷垣専一《たにがきせんいち》、栗原祐幸《くりはらゆうこう》、そして金子一平《かねこいっぺい》らがいた。錚々《そうそう》たるメンバーが在籍していたのである。

ここに大学四年生のときから見習いとして働き始めたのが私だ。出勤初日、事務所の扉を開けると、私は元気よく「よろしくお願いします！」と挨拶した。

弁論大会での経験から、肝は据わっていた。だから初めて宏池会の事務所を訪れ、新聞やテレビで見ていた政治家を前にしても、特に物怖《ものお》じすることはなかった。いよいよ政治の世界に足を踏み入れたのだと、ワクワクする気持ちしかなかった。

見習いとして働き始めた私の月給は六万円だった。それは、大学を卒業して正式に職員になってからも同じ。私が住んでいたアパートの家賃が月に三万五〇〇〇円だったので、とても満足な金額とはいえなかった。それでも政治に携われるのだから我慢すべきだと、いつも自分に言い聞かせていた。

総裁公選規程の改正に役だった初仕事

宏池会の事務員になって、一つだけ困ったことがあった。やることがなかったのである。だからといってデスクで電話番をしていてもつまらない。

ちょうどそのころ、私は、伊藤昌哉《いとうまさや》の著書『池田勇人：その生と死』（至誠堂）を読んでいた。伊藤は西日本新聞社の元記者で、その後は池田勇人の秘書官を務めた人物だ。「ブーチャン」という愛称で親しまれていた。著書には、記者を辞め池田の秘書になった直後の話として、以下のように書いてあった。

〈当時の池田邸には、大御所の登坂をはじめ、小島、木原、木村という四人の秘書、それに、二、三人の書生がいて、すっかり役割がきまっていた。私には、とくにこれといってやる仕事はない〉

〈そうこうしているうちに、私があまりに手持ちぶさたにしているのを見てか、池田は私に、新聞の切り抜きをすることと、記事の要旨をまとめることを命じた。はじめて仕事らしい仕事にありついたので、私はさっそく、その日からとりかかった〉

これを読んだ私は、自らも伊藤と同じ状況だと感じ、彼を真似することにした。そうして事務局長の木村貢に頼み、スクラップブックを買ってもらった。そして毎朝、事務所に出勤すると、主要紙すべてに目を通し、自民党に関する記事、宏池会に所属する議員の記事、加えて個人的に気になった記事を切り取り、スクラップブックに貼っていったのだ。

しかし、あまりスクラップブックが役に立つことはなかった。ただ一度だけ、自民党の総裁公選規程の改正に取り組んでいた鈴木善幸から、「新聞でどう報道されているかね？」と聞かれたことがあった。そのときは、すぐに関連記事を見せることができた。世の中には無駄なことなんてない。コツコツやっていれば必ず役に立つ機会が訪れる、そう実感した瞬間だった。

宏池会の勉強会に集う一流の講師たち

私が事務局員を務めていた当時の宏池会は、いまよりも官僚出身者が多く、政策通が揃っていた。会長だった大平正芳もまさに政策通で、そんな大平に共鳴した政治家が多く在籍していた。

宏池会では毎週、事務所の会議室で、派閥所属議員の総会、経済学者らを招いた勉強会を開催していた。勉強会は、木曜日に開催される木曜研究会と、土曜日に開催される土曜研究会があった。

これらの勉強会には、池田勇人内閣で高度経済成長のプランナーを務めた大蔵官僚の下村《しもむら》治《おさむ》ら、経済関連の錚々たる識者を講師として招いていた。大学時代、私が寮内で開催されていた講演会や勉強会に積極的に参加していたことは前述した。自らの見識を高めるためにも積極的に参加すべきだと思った私は、このときも事務局長の木村に頼んで土曜研究会に参加するようになった。

とはいえ、メンバーは財政・経済の専門家ぞろい。その内容は、大学を卒業したばかりの私にはあまりにも難解で、まったく理解できなかった。だから会議室の後ろで彼らの話をただ聞いているだけ。しかし、毎回のように勉強会に参加していると、不思議なことに、だんだん理解できるようになっていった。

経済評論家の高橋亀吉《たかはしかめきち》に質問したときのことを、いまでもよく覚えている。勉強会の前、私は一人でいた高橋のもとに歩み寄り、「先生、一つ質問してもいいですか？」と話しかけた。高橋は「なんだね？」という。このとき私は、以下の質問をぶつけた。

「いまアメリカでは、新しい経済政策をいろいろとやっているようですが、日本は参考にしていません。これはおかしいのではないでしょうか。先生はどうお考えですか？」

するとと高橋は一言、こう答えた。

高橋亀吉

「君ね、日本は日本だよ」

高橋のいう意味はすぐに理解できた。アメリカはアメリカであり、日本は日本。つまり、日本という国に合った政策を、自分たちで考えて実行すべきだ、という意味だ。私はなるほどと思い、のちに政調会の職員として政策を担うようになっても、「日本は日本」という言葉を必ず念頭に置いて事に当たった。「日本は日本」は、私の人生を変えた一言といえるかもしれない。

政治家を断念する原因となった女性

宏池会にいたころの私は、いずれ選挙に出馬して政治家になることを目指していた。しかし、結局は政治家にならず、自民党の職員としての道を歩むことになった。その大きな理由は、国際結婚をしたことにある。妻・淑恵《よしえ》は台湾人だったのだ。

現在なら、国際結婚をしたことによって政治家への道が絶たれることはない。しかし、昭和四〇年代当時、国際結婚はまだ珍しく、少なからず偏見があったように思う。私の場合、新潟の両親や親戚から「結婚するな、別れろ」といわれたし、淑恵もまた、台湾の両親や親戚から同じことをいわれていた。

淑恵と出会ったのは大学時代、学内で開催されたクリスマスパーティーでのこと。淑恵はハリ臨床治療を研究するために日本に留学したばかりのころだった。拓殖大学での淑恵は、二ヵ月だけ、日本語を勉強することになっていた。その後は東京教育大学（現・筑波大学）に進み、鍼灸師《しんきゅうし》となり、現在は雑誌の連載を抱えるほどの活躍をしている。

淑恵を初めて見たときのことはよく覚えている。私は学生自治会の役員だったから、当然、この会に参加していた。とはいえ、特にやることもなく、会場をぶらぶらするだけだった。すると綺麗《きれい》な女性がいることに気が付いた。それが淑恵だった。積極的な性格の私は、すぐに声をかけた。ただ、この時点では、恋人になったり、ましてや結婚するなどとは思ってもいなかった。デートに誘うと淑恵は、日本語の上達に役立つとでも思ったのか、なぜか快諾してくれた。

実際、このときの淑恵は、まだ日本語がまったく話せなかった。そのためデート中はほとんど会話が成立せず、ペンで紙に漢字を書いてコミュニケーションを取っていた。

当時、私は経済的に困窮しており、気の利《き》いた場所にデートに行くことなどできなかった。そのため大学の授業が終わると、和敬塾と淑恵の研究所の近くにある公園に行き、そこで毎日のように会っていた。

私は現在、四枚のCDをリリースしているが、当時から歌唱力には自信があった。公園のベンチではグラシェラ・スサーナのヒット曲「サバの女王」などを歌って、淑恵を楽しませたものだが、和敬塾の夕食が午後七時までだったため、午後六時四五分には慌ただしく別れを告げた。

永田町の仙人が占った国際結婚

大学を卒業してから宏池会の職員として働いて二三歳になった……ろくに稼ぎもなかった

が、私は結婚を決意した。しかし前述した通り、両親や親戚からは結婚を反対されていた。淑恵もかなり強く反対されたようだ。当時の台湾では、現在とは真逆で、いわゆる反日教育が行われていた。だから日本に強い恨みを持っている人も少なくなく、「台湾人にひどいことをした日本人と結婚するのには反対だ」という人までいたという。

しかし淑恵の家系は、台湾をルーツとする本省人だ。本省人は、国共内戦で毛沢東《もうたくとう》率いる共産党に敗れて蔣介石《しょうかいせき》とともに台湾に渡ってきた外省人から、いじめられた過去がある。淑恵の父は、日本人よりも外省人が嫌いだった。そこで「外省人と結婚するのは絶対に反対だが、日本人ならまだいいだろう」となり、最終的には許してくれたのである。

この私の結婚に関係するのだが、古川孝次郎《ふるかわこうじろう》という有名な占い師がいた。自民党の議員から「仙人」の愛称で親しまれていた古川は、宏池会の事務所にも頻繁に出入りしていた。議員の相談に乗っていたのである。たとえば大平が「国際情勢について占ってくれ」と頼むと、サイコロを使って占い、アドバイスを与える。のちに総理になる人物から依頼を受けるくらい、絶大な信頼を得ていたのが仙人だった。

仙人は政界だけではなく、芸能人にも顔が利《き》いた。ある日、仙人にホテルオークラに行こうといわれ、付いていった。ロビーに到着する。すると、「じゃ、君はここまで」という。驚いたことに、そこに大女優・春川《はるかわ》ますみが待っていた……凄い人なのだと実感した。

この仙人は、宏池会で、私とよく世間話をしていた。あるとき、台湾人との結婚を考えていること、両親や親戚から反対されていることを話し、どうすれば良いか占ってほしいと頼んだ。すると仙人は「分かった、占っておく」といってくれた。それから数日後、仙人は占いの結果を伝えに宏池会の事務所に来てくれた。そしてこう告げたのだ。

「田村君、最近は日本人同士でも離婚する夫婦が多いんだよ。占ってみたら、台湾人女性と結婚するのは、とってもいい。君にとってプラスになるよ」

仙人からこういわれて嬉しくなった私は、実家に電話した。そして「宏池会の高名な占い師に占ってもらったら、結婚に賛成してくれた」と報告したのだ。すると母は、「それなら結婚してもいい」と、あっさり認めてくれた……。

芥川賞作家・柴田翔《しばたしょう》の短編小説集『鳥の影』には、出世のために結婚相手を選んだ男を描いた作品も含まれている。男は愛情よりも富と名声を選び、好きでもない人と結婚する。その結果、地位も得て、お金持ちになる。しかしある日、男が公園に行くと、昔の恋人にそっくりな小さな女の子を見つける。そして男は後悔する、そんな物語だ。私は絶対に、この男のような人生は歩みたくなかった。好きな女性と結婚したかったのだ。

政界にも政略結婚を選ぶ政治家が少なくない。が、なかには後悔する人もいる。政略結婚をした政治家は、結局、外に愛人を作ることが多い。そうして写真誌などの餌食《えじき》になる。

また、政略結婚した夫婦は妻のほうの力が強く、政治家の旦那に対して「あんたはそろそろ引退しなさい」などという。息子を政治家にするためだ。たとえ息子の能力が低かったとしても、そんなことは関係ない。政治家としてまだやりたいことがあったとしても、妻の一言で議員バッジを外すことになるのだ。自民党にもそんな議員がいた。果たして、これが幸せな人生なのかと思う。

「神田川」のような新婚生活

宏池会に入って約一年。二三歳のとき、私は淑恵と結婚した。結婚を機に月給が一万円上がったが、それでもたったの七万円だ。当時は新高円寺《しんこうえんじ》の六畳一間のアパートに住んでいたのだが、風呂もなく、二人で桶《おけ》と石鹸を持って銭湯《せんとう》に通った。フォークグループ・かぐや姫《ひめ》の名曲「神田川」のような暮らしをしていた。

妻は台湾では鍼灸《しんきゅう》の先生だったのだが、日本の資格が必要となり、当時、鍼灸学校に通い始めていた。日本で鍼灸師として働くには、日本の学校を卒業しなければならなかったからだ。しかし、私の稼ぎだけではとても生活できず、淑恵は学校に通う傍《かたわ》ら、漢方の病院でパートとして働いていた。

一度、淑恵が過労で倒れてしまったことがある。宏池会で連絡を受け、急いで病院に駆けつけたら、先に来ていた淑恵の友人から、「あんた、何しているんだ！　淑恵が倒れるまで働かせて」と、大声で怒鳴られた。あのときは本当に情けなくなった。そしてベッドに横たわる淑恵に向かい、「ごめんな……」とだけ呟いたのだ。

その後、子供が生まれてしばらく経つと、子供を保育園に預け、妻はまた学校に通い始めた。保育園にいる子供に何かあると、私に連絡が来る。「子供が熱を出したから引き取りに来てください」というような連絡だ。あのころは仕事と子供の世話に駆け巡り、人生で最も大変な時期だったと思う。

忙しく貧しい日々を送っていたが、子供はどんどん成長する。とてもいまの暮らしでは生きていけない、月給七万円で宏池会で働くのも限界だ、そろそろステップアップをする時期だ、そう強く感じていた。

すでに国会議員になることは諦《あきら》めていたが、しかし政治には携わりたかった。とはいえ、妻子を養うことが最優先だ。まず、宏池会を退職する決意をした。宏池会に入ってちょうど二年後となる一九七七（昭和五二）年のことである。

政党職員は政策で世の中を変える

宏池会を退職した私だが、すぐに満足なお金を稼げるようになったわけではない。まず

藤井裕久

は、大蔵省出身で後に財務大臣を務める藤井裕久の選挙を手伝った。

この選挙戦では、二三日間にわたって街宣車に乗った。ろくに睡眠も取れず、選挙の厳しさを痛感することになった。

選挙が終わると、今度は宏池会を紹介してくれた村山達雄の秘書を務めた。やはり大蔵省出身で、後に大蔵大臣や厚生大臣を務めた政治家だ。こうして選挙を手伝い、秘書を務めるうちに、私の政治に携わりたいという思いは、ますます強くなっていった。

これらの経験を経たあと、当時、自民党の経理局長を務めていた村山達雄の紹介で、まずはアルバイトとして自民党本部で働くことが決まった。ちなみに、いまも自民党には多くのアルバイトがいるが、やはり政治の道に進みたいと志す若者が多い。

こうして得た自民党での初仕事は、全国組織委員会や国民運動本部での責任ある事務作業だった。日給は七〇〇〇円だったが、それでも宏池会のころよりは所得が増え、生活も幾分ましになった。

こうしてアルバイトで働き始めて二年ほど経った一九七八年、自民党が正職員の募集を行ったので、私は迷わず応募した。党は不定期で職員を募集する。一六人の採用人数に対して、応募者は一〇〇人ほどだった。試験は一般教養のペーパーテスト、小論文と面接。幸いにも合格し、私は党職員として採用されることになった。

このころ私の心境に大きな変化があった。「政治家でなくとも世の中を変革できるのではないか」と考えるようになったのだ。政党職員も政治家と一緒に政策を作り、世の中を変えられるということが分かったからだ。そして、その思いは現在も変わらない。

政調会長は「閣僚の三人分」

自民党職員になった私は、全国組織委員会の地方組織局や研修局を経て、政務調査会（政調会）に異動となった。一九八六（昭和六一）年のことである。政調会はその後、三〇年以上にわたって私の主戦場となる。

ところで議院内閣制の日本では、政府の法律案および予算案などの重要政策は、与党の事前承認を必要とする。自民党は、野党に転落した時期を除けば、政策決定に大きな影響を行使してきたわけだ。

この自民党の政策決定には、政調会が大きな役割を果たしている。だから政調会長は「閣僚の三人分」といわれるほど大きな権限を持っているのである。

政調会では、最初に外交、国防、農林などの各部会で政策案が審議され、次に政調審議会と総務会で議論される。これが了承されれば、党議決定となる。こうして法律案は閣議決定後に国会に提出され、衆議院と参議院で審議されるという流れだ。

政策決定には、自民党の各部会長と政調会長が強く関わっているということになる。

加えて政策決定には、幹事長や総務会長、その政策に精通した国会議員の役割も重要だが、ほかに関係省庁および関係業界も影響力を行使する。そして、実はあまり表舞台には登場しないのだが、やはり大きな影響力を行使するポジションがある。それが政調会の部会担当職員である。

政治家と対等に議論する党職員

私の政調会での最初の担当は農林部会と水産部会。兼任だった。私にとって幸いだったのは、政調会の農林担当の責任者が岩倉具三《いわくらともみつ》だったことだろう。岩倉は明治維新の元勲《げんくん》・岩倉《いわくら》具視《ともみ》の孫で、「岩倉卿」の愛称で親しまれる、自民党では非常に有名な職員だった。

東京大学卒で、プライドが高い。単なる事務員ではないという意識でいた。実際、政策をめぐっても、政治家や役人と対等にやり合える実力者だった。だから党の職員はもちろん、政治家や役人からも一目置かれる存在で、「ミスター政調会」といっても良かっただろう。

私はそんな岩倉の下で補佐として働き、政調会の職員がどうあるべきかを学んだ。たとえば党内の会議。政治家を交えて定期的に政策を議論するのだが、そのときは政治家の後ろに座って傍観するのではなく、政治家と同じテーブルに着いて、ともに議論する。政治家がおかしなことをいおうものなら、しっかりと反論していた。

岩倉は、「必要なときにきちんと発言するために、会議に出席するのだ」といっていた。また岩倉は、「役所とのやりとりもたくさんあるから、勉強しなきゃ駄目だよ」と、口癖のようにいっていた。私は岩倉から政調会の職員のあるべき姿を学んだのだ。

政調会での私のデスクは岩倉の隣だった。毎日、役所や政治家から膨大な資料が届く。私のデスクには常に書類が山積みだった。しかし、要は不整理だったわけで、普通の企業なら怒られていたかもしれない。ただ、岩倉のデスクはさらにひどい状態だった。しかし、岩倉には誰にも文句をいわせない風格があったし、何より仕事で実績を残していた。

岩倉具三（左）と著者

「事務方のくせに、なんだ」

この岩倉の薫陶《くんとう》を受けた私は、政治家や役人に対しても、常にきちんと自分の意見を述べるよう意識した。だからこそ、誰よりも本を読み、誰よりも勉強してきたつもりだ。

一方、当時、岩倉以外の政調会の職員には物足りなさを感じていた。「黒子《くろこ》に徹するのが仕事だ」と考える職員たちである。

鈴木宗男

そんな職員は会議では後ろに座り、意見を述べることもない。政治家にいわれたことをやるだけだ。そうではなく、政調会の職員は政治家と向き合い、そして役人とも対峙する。また時には両者の橋渡しをすることも必要なのだ。だからこそ、政治家にも役人にも一目置かれる存在にならなければならない。そうならなければ、会議をセッティングするだけの職員になってしまう。

特に、役人に頼られるのが職員のあるべき姿だ。一つの政策案を決める際、政治家と役人が直で議論するほうが効率が良いわけではない。一つの政策案をどういう段取りで進めたら良いか、そして担当する議員にどうアプローチしたほうが良いか、その点を役人にアドバイスするのだ。それも政調会の職員の役割なのである。

ただ党内には、そうした職員に嫉妬《しっと》する人もいる。「田村は目立ち過ぎる」と、陰口をたたく上司もいた。そんな上司では何を提案しても認めてくれず、本ばかり読んでいた時期もあった。ただ、こうした上司はそのうちにいなくなる。それが組織というものだ。

あるとき水産部会で鈴木宗男《すずきむねお》が話した情報が間違っていたため、「それは違います」と訂正したことがある。すると鈴木が反論してきた。あの場で発言したら政治家のプライドを傷つけることくらい、私も知っていた。しかし鈴木は拓大の先輩だったので、間違った情報で鈴木が窮地に立つ危険を考え、私は敢えて発言したのだ。

このときは、「ヤジ将軍」の愛称で知られた松田九郎《まつだくろう》に、こっぴどく怒られた。「事務方のくせに、なんだ」とまでいわれた。しかし、その後、松田に鈴木との関係を語り、理解してもらった。

ただ、ここで何も発言できなくなるような職員では駄目だ。だからこそ、政治家を黙らせることができるほどの知識を蓄える。これが岩倉の教えであり、私のプライドでもあった。

芸能プロの社長から受けた相談

農林部会と水産部会を兼任していたときは、いくつも大きな仕事をした。

食糧庁の企画課長が党本部を訪れ、「コメのＰＲに取り組みたいので協力してください」といってきた。一九九〇（平成二）年のことである。この課長は熱い思いを持っていたの

森田健作

で、私は協力することにした。

ただ、一つ問題があった。人は経済的に裕福になると、おかずにカネをかけられるようになり、その一方で主食のコメやパンを食べる量が減る。だから劇的にコメの消費量を増やすことは不可能だと判断した。

しかし、できることはやってみようと思い、食糧庁の職員が使う名刺に「コメを食べよう」というキャッチフレーズを載せるよう指示した。民間企業の社員の名刺には、会社のアピールポイントを掲載している。それを真似したわけだ。

また、健康セミナーを開催して、コメの栄養価をレクチャーした。あるいは銀座にコメのPRセンターを設置し、コメに関する展示を行った。

それから当時、TBSでは「キッチンパトロール」というグルメ番組を放送しており、食糧庁がスポンサーだった。その司会は俳優の大石吾朗《おおいしごろう》が務めていたのだが、より健康的なイメージを持つ森田健作《もりたけんさく》に代えるよう提案した。森田はサンミュージックに所属しており、私はサンミュージック社長の相澤秀禎《あいざわひでよし》と知り合いだったから、話は早かった。

そうして一九九〇年から森田が司会を務めるようになると、番組の視聴率も上がった。ただ、あの手この手を尽くしても、残念ながらコメの消費拡大にはつながらなかった。

余談になるが、一九九二年にサンミュージックから「森田が参院選の出馬を考えている」という話を伝えられた。が、周囲からは落選するといわれていたらしい。そこで、「田村さん、専門家の目から見てどうですか?」となったのである。

森田は東京都選挙区から出馬するという話だった。東京は、いわゆるタレント票で必ず一人は当選する、という傾向にあった。だから森田は確実に受かるだろう。そう話した。出馬すると私の予想は当たった。ただ、その後、森田が千葉県知事まで務めることになるとは、当時は考えもしなかった。

漁業を救う歌を制作したきっかけ

一九七七年、いわゆる「二〇〇海里（約三七〇キロメートル）水域制限の時代」が到来した。アメリカ合衆国とソビエト連邦が二〇〇海里漁業専管水域を設定したのである。

当時の日本は、漁獲量の半分近くを他国の二〇〇海里の水域で得ていた。しかも、その大半は米ソの水域。米ソはその漁船を追い出したわけだ。すると北海道では、職を失う漁民があふれた。

また、それと同時に、日本では魚離れが進んでいた。肉食が一気に普及した一方で、魚は調理や後処理が面倒だと考える人が増えたのである。そのため水産業界は、日本一の不況産業になってしまった。そこで、魚の消費拡大によって漁民を救済する策を、党内で議論していた。

漁業の予算は、コメの消費拡大の予算と比べると少ない。水産庁水産流通課長だった石原《いしはら》葵《まもる》は、それに問題があると訴え、予算を増やすべきだといってきた。しかし、私はこう反論した。

「それは違う。お金ではないだろう。もっと頭を使えば何とかなる」

私はまず「おいしいお魚・健康ライフ」というキャッチフレーズを掲げ、一九八九（平成元）年一一月の秋、東京・有楽町のマリオン前で、魚がどれほど健康に良いかを分かりやすく解説したリーフレットを配布した。イベント当日は、農林水産大臣の鹿野道彦も出席してくれた。ちなみにイベント開催資金は、全国の漁業二七団体から少しずつ拠出してもらった。

ところが、このキャンペーンは、まったく効果がなかった。理由は簡単だ。食べ物はどれも適量なら体に良い。つまり、キャッチフレーズが消費者には響かなかったのである。

キャンペーンが失敗に終わって少し経ったころ、私は石原と六本木で酒を飲んでいた。すると石原が、「田村さん、これ面白いよ」と、ある記事を見せてきた。イギリスの大学教授、マイケル・クロフォード博士が『原動力』という本を出版したという記事だった。

クロフォードは魚食の研究を続けている人物で、さっそく水産庁はこの本を取り寄せた。するとと本には、以下のように書かれていたのである。

〈人類が進化したのは、魚食によるものである。それは、世界の四大文明の発祥地であるメソポタミア文明、エジプト文明などは、必ず河川の流域にあって、彼らはその河川でとれた魚介類を食べていたことでもあきらかである〉

〈日本人の子ども（児童生徒）のＩＱは、欧米人の子どもたちよりも高いスコアを示すのは、日本人をはじめとする東洋人が魚食中心の食生活をしているからだ〉

〈ＤＨＡ（ドコサヘキサエン酸）が脳の健康に良い〉

クロフォードの指摘を知り、私は、これを魚の消費拡大に使えると思った。「魚を食べると頭が良くなる」という点に着目し、アピールすることにしたのである。

一九九〇年一〇月、私と石原はクロフォードを招聘《しょうへい》し、銀座のヤマハホールで「ＤＨＡシンポジウム・魚を食べると頭がよくなる」を開催した。当日は国内の学者にも参加してもらった。

この模様はＮＨＫの午後九時のニュース番組で大きく取り上げられた。すると、いくつかの出版社から石原のもとに出版の依頼が舞い込んだ。そうして学者の鈴木平光《すずきひらみつ》を著者に立て、一九九一年に出版したのが、『魚を食べると頭が良くなる：科学がつきとめたこの新事実！』（ＫＫベストセラーズ）である。

本も売れ、マスコミでも話題になり、ポスターも配布した。ところが石原がジュネーブ出張から戻ってくると、がっかりした様子をしている。そして、こんなことをいい始めた。

「ジュネーブの日本大使館では、誰も知らない。だから飛行機のなかで音楽を聴きながら考えました。田村さん、歌を作れませんかね」

要するに、キャンペーンソングを作りたいということだ。

前述の通り、私はサンミュージックの相澤社長と懇意にしていたため、すぐに連絡して制作を依頼した。そうして数曲が完成した。どの歌が良いか……それは水産庁の若手に選んでもらった。すると彼らは「おさかな天国」をキャンペーンソングに選んだのだ。

この曲は、「朝日新聞」や「東京新聞」で紹介された。また、ＮＨＫラジオでも放送され、すぐに大きな反響があった。

結果、本やポスター、そして曲の効果で、「魚を食べると頭が良くなる」ということが国民に広まり、空前のＤＨＡブームが到来した。それと同時に魚の消費量もアップしたのはいうまでもない。私は政調会の職員として、非常に満足した。

このように、農林部会と水産部会を兼任していたときは、とにかくアイデアを考えて企画する、まるでプロデューサーのような役割を担っていた。そして私自身、この役割が大好きだった。

すでに述べた通り、私は自民党に入ると最初に、全国組織委員会を担当し、研修会を主催したり、本や冊子を作っていた。また、政治家の講演録のカセットテープを作成したこともある。自民党を盛り上げるために何をすれば良いか、それを考えた結果だ。

のちに農林と水産の担当となり、かつて組織委員会で培《つちか》ったスキルを活かすことができたわけだが、それは私という人間のブランド力も高めてくれた。水産庁や食糧庁などの役人が、私を信頼してくれるようになったのだ。永田町で働く人間にとって、信頼は命よりも大切なものなのである。

「安保の田村」と呼ばれて

一九九一年五月からは政調会で、国防部会、安全保障調査会、基地対策特別委員会の担当になった。その後も二五年以上にわたって国防・安全保障を担当することになり、メディアからは「安保の田村」といわれるほどになった。

一九九一年といえば湾岸戦争の年である。一月一六〜一七日の夜、アメリカを中心とする多国籍軍のイラク爆撃で開戦。二月二八日、イラク軍に占領されていたクウェートを解放し、停戦となった。

湾岸戦争が終わると、日本国内では、「国際貢献」「人的貢献」という言葉が盛んに使われるようになった。なぜか？　日本は湾岸戦争に自衛隊を派遣せず、カネしか出さなかったと、他国から批判されたからだ。その後、海部俊樹内閣が海上自衛隊の掃海艇をペルシャ湾に派遣したのも、そうした声を踏まえてのことである。

やがて各国は、内戦などで混乱状態にある国や地域の復興を目的とする活動を始めるようになった。すると国際社会は、経済大国の日本にも、貢献を求めるようになった。

そこで日本は、一九九二年の国会で、「国際連合平和維持活動等に対する協力に関する法律：国際平和協力法（ＰＫＯ協力法）」を成立させた。宮澤喜一内閣が、公明・民社の協力を得て成立させたものだ。

この国会は、のちに「ＰＫＯ国会」と呼ばれる。この法律の成立によって自衛隊は、カンボジアを皮切りにして、ＰＫＯ活動を開始したのである。

ＰＫＯ国会は壮絶だった。社会党や共産党は「日本を戦争に巻き込むのか」「また戦争をするつもりなのか」と絶叫し、大変な反対運動が巻き起こった。マスコミでも「朝日新聞」や「毎日新聞」などは反対した。ところが現在では、当時は反対していた新聞や政党もＰＫ

ＰＫＯの視察のためクウェートへ（右から３人目が著者）

Ｏに賛成しているのだから、政治とは面白い。そして、新聞という仕事も。

ＰＫＯ国会の前の日本には、安全保障に関する法律は、自衛隊法と防衛庁設置法の二つしかなかった。ところが国際平和協力法が施行されて以降、周辺事態法、テロ対策特措法、イラク人道復興支援特措法、武力攻撃事態法、海賊対処法、平和安全法制など、新たに多くの法律ができた。そして私は、そのすべてに携わってきた。

私は防衛問題に関しても、ひたすら勉強した。何冊も何冊も本を読み、時には専門家に話を聞きに行った。そうして国防部会や安全保障調査会の議員や防衛省の役人とも議論し、政策案を作成していったのである。

しかし、私が自民党にいたからこそ、そして自民党が政権を握っていたからこそ、私の意見は現実のものとなった。与党の党職員……こんな素敵な商売はない。

また、政治家は落選すれば何の政策も実現できない。しかし私のような党職員は、継続的に政策を発信できる。常に国を背負っていくことができるのだ。

これは、私の勝手な思い込みかもしれない。しかし少なくとも、「私が頑張らないと世の中はうまくいかない。自分にできることは何でもやろう」という気概で働いてきたのは確かだ。

タブーに斬り込んだ小沢調査会

国防部会を担当していたときの大きな仕事といえば「小沢調査会」だ。私は事務担当として参加していた。

前述した通り、湾岸戦争後、国際社会は日本に人的貢献を求めるようになった。そこで、日本の国際貢献のあり方について議論することを目的に、一九九一年五月、自民党内に「国際社会における日本の役割に関する特別調査会」が設置された。会長が小沢一郎だったことから、小沢調査会と呼ばれた。

この小沢調査会では、戦後の日本ではタブーだった安全保障について議論を重ねた。特に議題となったのが国連の「集団安全保障」。詳細は後述するが、小沢は集団的自衛権を認めず、集団安全保障の議論に終始した。集団安全保障は集団的自衛権とは別の概念であり、混同しないよう「国際的安全保障」ともいわれていた。

日本国憲法の前文では、以下のように謳っている。

〈日本国民は、恒久の平和を念願し、人間相互の関係を支配する崇高な理想を深く自覚するのであつて、平和を愛する諸国民の公正と信義に信頼して、われらの安全と生存を保持しようと決意した。われらは、平和を維持し、専制と隷従、圧迫と偏狭を地上から永遠に除去しようと努めてゐる国際社会において、名誉ある地位を占めたいと思ふ〉

平和を求めるのであれば、国際協調の下で、国際平和の維持・回復のための実力行使は否定すべきではない。

小沢一郎

国連憲章四三条には、以下のように書かれている。

〈国際の平和及び安全の維持に貢献するため、すべての国際連合加盟国は、安全保障理事会の要請に基き（中略）国際の平和及び安全の維持に必要な兵力、援助及び便益を安全保障理事会に利用さ

せることを約束する〉

つまり、国連軍の活動は国際的な合意に基づいており、国際的に協調して行われる国際平和の維持や回復のための実力行使なのである。ゆえに、憲法九条に書かれている〈武力による威嚇又は武力の行使は、国際紛争を解決する手段としては、永久にこれを放棄する〉には該当《がいとう》せず、自衛隊を派遣するのに問題はない、というのが小沢調査会で達した結論だ。

小沢調査会では、四七回にも及ぶ議論を経て、「国際社会における日本の役割――安全保障問題に関する提言」をまとめた。これは当時としては画期的なことだった。そして、この提言を総理大臣の宮澤喜一に手渡すことで、小沢調査会の活動は終わった。

繰り返しになるが、戦後の日本でタブーだった安全保障を取り上げたのだ。それだけでも当時は凄いことだったのである。小沢調査会に関しては、第四章でも詳しく述べる。

議員と官僚とともに訪れた国防総省で

自民党では、一九九五（平成七）年から防衛関係の議員外交を行うことが決まり、その後、毎年、アメリカのワシントンDCの国防総省（ペンタゴン）や国務省、上下両院議員の事務所、各種シンクタンクを訪問するようになった。国防や安全保障をテーマに、アメリカの議員や識者と議論するためだ。

私は防衛庁長官の経験者である伊藤宗一郎《いとうそういちろう》や池田郁彦《いけだいくひこ》、中山利生《なかやまとしお》や瓦力、そして久間章《きゅうまふみ》生《お》や額賀福志郎らに随行した。

日本側は毎回、数人の議員と私、外務省と防衛庁の職員が一人ずつで訪米、そして駐米大使が現地で合流した。もちろん、議員の秘書は来ない。政治家というと、身の回りのことはすべて秘書にお任せというイメージがあるかもしれないが、実際にはそんなことはない。海外では買い物も食事も自分でするし、荷物も自分で運んでいるのだ。

前夜に現地入りし、会議のある日の朝は、おのおのホテルのロビーに集合する。集合の五分前になると、必ず全員集まっている。さすがは政治家だ。防衛庁長官をやっていたような大物政治家は、当然、時間にはきっちりしているのだ。

もちろん、眠そうな顔をしている人もいなければ、寝癖をつけている人もいない。みな一様に緊張感のある顔をしてロビーに集まっていた。その時点で、完全に仕事モードに入っているということだ。

外務省が事前に手配したリムジンがホテルまで迎えに来た。このリムジンに乗ったときは、少しだけＶＩＰになった気分だった。とはいえ、国を背負った大事な会議が控えている。とても浮かれてはいられない。その感覚は議員も同じようで、車窓を見ている人もいれば、目を閉じている人もいたが、みな緊張感をみなぎらせていた。

アメリカ国防総省内での協議。右端はペリー国防長官、中央は著者

ホテルから車で数十分、初めて訪れた国防総省の建物では、その重厚さに圧倒された。当時、六本木にあった防衛庁とはスケールがまるで違った。

建物の入り口では、すでに担当の職員が私たちの到着を待っていた。入館するには厳しいボディチェックがあるかと思っていたが、空港と同型のセキュリティゲートを通るだけで、何とも拍子抜けした。

職員に誘《いざな》われて館内に入ると、五角形（ペンタゴン）であることは、あまり感じなかった。というのも、館内は非常に広く、廊下も長いからだ。ただ、建物の作りは近代的なもので、歴史はあまり感じられない。レトロな自民党本部とは、まったく異なる。まるでSF映画に登場する秘密基地のようだった。

ペンタゴンで国防を議論したメンバー

私たちは職員に続いてエレベーターに乗り、会議室に向かった。会議室は三階だったと記憶している。会議室の扉を開けると、ウィリアム・ペリー国防長官やウィリアム・コーエン国防長官が迎えてくれた（このように毎年、必ず、その当時の国防長官や副長官と面会していた）。

簡単に挨拶してそれぞれが席に着くと、いつも日本側から最近のアジア情勢を語り、アメリカの考えを聞きたいと切り出した。アメリカは自分たちの考えを語ると同時に、日本の考えを聞いてきた。

日本側では特に瓦や池田が勉強熱心で、事前に役人と打ち合わせをしているため、かなり深い議論ができた。議論のテーマは、米ソ冷戦が終わり、日米安保はどうなるのかというもの。冷戦後のヨーロッパでは緊張が緩和されたが、アジアは違う、という話をした。その点をアメリカはよく理解していないようだった。

当時は北朝鮮が核開発を始めた時期だったから、北朝鮮に関する話にも時間を費やした。一九九四年に死去した金日成《キムイルソン》に代わり金正日《キムジョンイル》が指導者に就任した直後でもあり、今後の北朝鮮の体制がどうなるか、日米はどう対峙していくべきか、などという話も出た。

当時、アメリカ側は「北朝鮮は崩壊するだろう」と楽観視していたことを覚えている。しかし、日本側はそれを否定していた。結果的に見れば、日本の考えが正しかったことになる。

ウィリアム・ペリー

加えて、中国も徐々に力を持ち始めていた時期だ。まだ軍事費やGDPはたいしたことはないが、将来的に間違いなく大国の仲間入りをする、だからこそ日米はより連携する必要がある、そう訴えた。そして北東アジアの安全保障のため、米軍のプレゼンスをさらに高めなくてはならないとも訴えた。

ペンタゴンでは、講習会も催された。ミサイル防衛や生物化学兵器について、映像を交えながらレクチャーを受けた。

日米の議論というと、たとえ議員外交でも、日本はアメリカのご機嫌を取っているだけではないかと考える人も少なくないだろう。しかし、それは違う。議員外交では、毎回、日本側はしっかりと自分たちの主張をしてきた。北朝鮮の脅威に対抗するため日本はミサイル防衛を考えている、とも伝えた。また、当時からTHAAD（終末高高度防衛ミサイル）のことまで考えていた。

繰り返しになるが、アジアの状況は、日本のほうがよく理解していた。それを説明したうえで、日米がどう対処すべきかを提示していたのである。

ペンタゴンでの会議は、いつも朝から昼すぎ、あるいは夕方まで行われた。当然、それだけで終わるはずもなく、その後はヘリテージ財団や戦略国際問題研究所（ＣＳＩＳ）、あるいはブルッキングス研究所などのシンクタンクを訪れ、識者と議論した。

こうした場では、のちにアメリカ国家安全保障会議（ＮＳＣ）上級アジア部長を務めるマイケル・グリーンや、同じく国務副長官を務めることになるリチャード・アーミテージら、国防や政治に精通した人物と面会していた。そうして日米の国防の専門家が、非常に深い議論を行った。

アーミテージは自民党の議員に知り合いが多く、防衛関係の議員に政策決定の力があることも知っている。だからいつも、「こうやってお会いして議論できるのは、非常に素晴らしいことです」と語っていた。

シンクタンクで議論するメリットは、アメリカの本心を聞くことができるという点に集約される。政府が面と向かっていえないようなことも、シンクタンクは細かく解説してくれるからだ。

とにかく滞在中は忙しく、ホテルに帰ったころにはクタクタになっていた。夜に遊ぶ余裕など一切なかった。

この議員外交に参加した前述の議員は、国防や安全保障に精通した人ばかりだった。だからこそ、この「苦行」を経験するたびに、私は自身が成長していることを自覚できた。

第三章　自民党という梁山泊の住人

田中角栄が誰からも愛されたわけ

この章では、四〇年間お世話になった自民党の政治家たちの、多種多様な素顔に迫ってみる。個性に満ちあふれた政治家たちが綺羅星《きらぼし》のごとく輝き蝟集《いしゅう》した自民党は、まさに現代の梁山泊《りょうざんぱく》のようであった。

まずは、私が政治を志すきっかけを作ってくれた郷土の大先輩、田中角栄である。

田中が総理だったときに私は大学生。その後、田中はロッキード事件で失脚したが、それでも選挙に出馬して、圧倒的な勝利を収めた。前述した通り、その演説では、新潟が裏日本だなどという考え方を否定していた。「いまは裏日本といっているが、やがて裏ではなくなる。新潟はロシアも中国も朝鮮半島も近い。だから大事になってくる」といっていたのだ。

この演説を聞いていた有権者は、みな熱狂した。もちろん私もだ。

その後、私は自民党の職員になったわけだが、田中は党の職員からの評判も抜群に良かった。田中を悪くいう人は一人もいなかったといってもいい。

この田中は、人を肩書では見ない。そして、裏方にも気配りができる人だった。だから誰からも愛されたのだと思う。

さらに田中の魅力は、その明るさにある。田中がいると、その周りに日が射したように感じた。

加えて田中は、日中国交正常化（一九七二年／昭和四七年）を成し遂げた。この点については現在、批判の声もある。ただ、これは、実は総裁選に勝つための手段だったのだ。

このとき総裁選に出るためには、中曽根康弘と三木武夫の協力が必要だった。だから彼らに日中国交正常化の約束をしたのである。田中は中国共産党など大嫌いだった。しかし、理想ばかり掲げていては政治はできない。日中国交正常化は、親台湾の福田赳夫に勝つための方策だったのである。

そして田中には、日本を良くしたいという、確固たる信念があった。自分の好き嫌いなど忘れ、日中国交正常化に舵《かじ》を切ったのも、日本の将来のため。政治とは、そういうものなのである。

すべての大物政治家に共通すること

一九八二年の総裁選は、中曽根康弘、河本敏夫《こうもととしお》、中川一郎、安倍晋太郎の四人が立候補した。結果は中曽根が勝利した。いうまでもなく安倍晋太郎は、本書を執筆中に長期政権を維持している安倍晋三の父である。

こうして中曽根内閣が発足すると、安倍は外務大臣に就任した。翌一九八三年には参院選があり、私は安倍の遊説に随行することになった。

党職員は、選挙が決まると、その応援に専念する。政調会も同様で、いったん政策の仕事は中断し、大臣に随行したり、立候補者の選挙運動を手伝ったりすることになる。

安倍に随行することが決まった私は、事前に安倍の政務秘書官の垣内昭《かきうちあきら》と打ち合わせをした。垣内は「遊説の責任者である田村さんの指示に従うよう、安倍には伝えておきました。よろしくお願いします」といっていた。

遊説の進行・管理を担う責任者は、想像以上に重労働になる。交通渋滞などで予定が遅れてはならないし、どんなに演説が盛り上がっていても、時間になれば切り上げなければならないから、精神的にも追い込まれる。

このとき私は、まだ三〇歳になったばかり。安倍と一緒にいるだけでも緊張した。ただ、安倍は政治家としてだけではなく、人間としても魅力的な人だった。誰に対しても気さくで、サインや写真撮影を求められると、嫌な顔一つせず、笑顔で応じていたことを覚えている。

安倍といて感じたのは、とにかく床柱《とこばしら》が似合いそうな男だということ。独特のオーラがあった。家庭的といっても良いかもしれない。大将というよりも、理想の父親像を体現したような人だった。

こんな安倍の人間性を表すエピソードがある。安倍はどんな食べ物でも美味しそうに食べる。選挙事務所や県連の事務所が用意した弁当も常に笑顔で美味しそうに食べ、しかも必ず完食していた。どんな弁当も、準備をしてくれた人がいるわけで、その人のことを考えたら、文句をいうべきではないのである。

加えて、遊説中、安倍が不満を口にしている場面を一度も見たことがない。次の遊説まで時間がなく、急《せ》かすこともたびたびあった。「安倍大臣、急いでください！」と何度もお願いしたものだ。すると、苦笑いを浮かべながら「分かったよ」といって、一緒に走ってくれた。

安倍晋太郎

文句をいわないというのは、すべての大物政治家に共通することだ。昨今、党の部会の食事に文句をいう若手議員を多々見かける。部会でそんな議員を見るたびに「これでは大成しないな」と感じる。

遊説のあと、地方に宿泊することも多かった。そんなときは夜に県連関係者と懇親会を行うのだが、安倍は必ず私も誘ってくれた。職員はあくまで職員であり、夜は別行動という議員が多いなか、必ず「田村君も一緒においでよ」といってくれるのだった。

そして、その懇親会では、県議会議員や県の職員に、「田村君は優秀な職員なんだよ」と紹介してくれた。結果、安倍のおかげで私は顔が広くなった。安倍の気配りには、いまだに心から感謝している。

大臣が持つ強運の正体

選挙中の遊説は一日に何ヵ所も回らなくてはならず、時にはヘリコプターで移動することもあった。ある日、兵庫県・丹波《たんば》の山中で遊説が終わり、安倍と私は次の候補者たる鴻池《こうのいけ》祥肇《よしただ》を応援するため、ヘリコプターで尼崎《あまがさき》に飛び、神戸に行く予定だった。私たちを乗せた車はヘリポートに到着したのだが、その日は天気が悪く、霧が出ていた。

丹波の山中にあるヘリポートでは、パイロットと警察官らが話をしていた。私は車から降りると彼らのもとに行き、「この天気でもヘリを飛ばせますか？」と聞いた。しかし、彼らは「どうしましょうか……」というだけ。なかなか結論が出なかった。私は車に戻り、安倍に「少々お待ちください」と告げた。安倍は腕を組み、目を閉じたまま黙って頷《うなず》く。

しかし、次の遊説の時間が迫っている。いまさら車で向かっても間に合わない。私は再び車を降りると、パイロットに「遊説に間に合わなくなるから、何とかヘリを出してください」とお願いした。するとパイロットは、一瞬、戸惑ったような表情を浮かべたが、すぐに「分かりました」といい、離陸の準備を始めた。パイロットは、自分では離陸の判断ができない。党の人間の判断に任せるしかないのだ。

私は車にいる安倍に「ヘリを出します」と伝えた。まだ霧が出ていたが、安倍は不安を口にすることもなく、一言「分かった」とだけいい、ヘリに乗り込んだ。

離陸したヘリは丹波の山々を越えていくわけだが、上空では深い雲に覆われて、ますます視界が悪くなった。パイロットに目をやると、緊張しているのが伝わってきた。私は心のなかで「困ったな……」と呟《つぶや》き、無事に尼崎に到着するよう、ひたすら祈った。

隣の安倍に目をやった。やはり腕を組み、目を閉じている。まったく動じていないようだ。泰然自若《たいぜんじじゃく》とは、このことだ。なんと肝の据わった人なのだろうと思った。

天気が悪かったにもかかわらずヘリコプターを出すようにお願いしたのは、次の遊説の時間が迫っていたからだが、理由はそれだけではない。政治家という人間は、総じて強運の持ち主であるからだ。

そもそも運があるから、厳しい選挙も勝てる。ましてや安倍は外務大臣だ。大臣は実力だけでなれるものではなく、所属する派閥の躍進やライバルの失脚など、運にも左右される。大臣にまで上り詰めた安倍と一緒なら、悪天候でも墜落などせず、無事にたどり着けるのではないかと考えた。

そうこうするうちに山を一つ越えると、急に視界が明るくなった。それを見た私は、安倍の強運を確信した。もしヘリに乗っているのが私だけだったら、ひょっとしたらヘリは墜落していたかもしれない。

ヘリコプターは無事に尼崎に到着し、神戸に入った。すると安倍は疲れた様子など一切見せず、いつものように演説を行ったのだ。

街中で急に演説を始める狙い

当時、安倍晋太郎・竹下登・宮澤喜一の三人は「ニューリーダー」などと呼ばれていた。メディアで大きく取り上げられ、安倍はどこに行っても大人気だった。

そんな安倍は、ときどき予定していない場所でも演説を行った。たとえば鹿児島市を党の選挙カーで移動していたときのことだ。商店街で安倍は「車を止めてくれ」という。どうしたのかと聞くと、「ここで演説する」というのだ。そして、おもむろに車から降りるとマイクを握り、「自民党の安倍晋太郎です！」と、演説を始めた。すぐにたくさんの人が集まってくる。まるで芸能人のような人気だった。

演説が終わると、安倍は、充実した表情で車に乗り込んできた。その姿を見て、安倍が急に演説を始めた理由が分かった。人の多い場所で演説してアピールしたかった、ということもあろう。しかしそれだけではなく、人に囲まれて声援を浴び、自分のテンションを上げることが真の狙いだったのだ。

選挙期間中は日本全国を飛び回り、ずっと遊説をする。ただ機械的にやっていては楽しくないし、飽きてしまうものだ。だからこそ、商店街に多くの人がいるのを見て、演説を決断したというわけだ。

その後の遊説では、選挙カーが人通りの多い場所を通るたびに、「大臣、ここで演説しましょうか？」と、私のほうから提案するようにした。安倍は笑顔で「そうだな」という。ただの一度も安倍はノーとはいわなかった。そして演説のたびに大きな声援を浴び、安倍は満足げに選挙カーに戻ってきた。

自民党の議員で最も会合に参加した人物

ある日、遊説で地方を移動している際、安倍に「外務大臣として外国にたくさん行かれていますが、疲れませんか？」と聞いたことがある。その日の安倍は少し疲れているように見えたからだ。しかし安倍は微笑みながら、「私は元気だよ」とだけ答えた……。

安倍は毎晩、何件もの会合に参加していたことは前述した。とにかく付き合いの良い人だった。渡辺美智雄と並んで、自民党の議員では、最も多くの会合に参加していた人だ。

それに加えて安倍は、外務大臣として世界中を飛び回っていたのである。体はどんどん蝕《むしば》まれていったのであろう。結果的に安倍は、一九九一年、六七歳という若さで亡くなった。癌《がん》に負けてしまったのである。

その安倍は、ソ連の大統領、ミハイル・ゴルバチョフの来日に尽力《じんりょく》し、亡くなる一ヵ月前、元外務大臣として会談も果たした。しかし、そのころになると病気で痩せ細っていた。他国の首脳と会談などできる状態ではなかったのである。

が、安倍には北方領土問題を解決したいという強い思いがあった。だからこそ、死期が近づいてもなお、日本のために働いたのである。

短い期間ではあった。しかし、安倍とともにした時間は重く、かつ深みがあるものだった。温かな人柄に触れ、私はどんどん安倍のことが好きになった。総理になれず、この世を去ってしまったのが、本当に残念でならない。

しかしその思いは、子息の安倍晋三に引き継がれたのは間違いない。北方領土問題解決のため、海千山千たるロシアのウラジーミル・プーチン大統領に食いついていく安倍晋三総理の姿を目にするたびに、私は父、安倍晋太郎の姿を見る。

青年部の頑張りでトップ当選した議員

全国組織委員会を担当していたときに、同委員会の委員長だった加藤六月から、自分の後援会青年部を活性化させるよう依頼されたことがある。一九八〇年代前半のことだ。

加藤は中曽根康弘内閣で国土庁長官や北海道開発庁長官を、自民党を離党してからは羽田孜内閣で農林水産大臣を歴任した人物だ。当時はロッキード事件に関与したとされ、「灰色高官」と呼ばれていた。

指示を受けた私は、青年部を盛り上げるため、何度も加藤の選挙区たる岡山に出かけていった。実はそれ以前から、党の各種研修会や箱根で開催されていた全国研修会を主催していた。その経験を活かし、岡山でも青年部研修会を開いたのである。

また加藤の長女、加藤康子《かとうこうこ》も、青年部の活性化に協力してくれた。康子は安倍晋三内閣で内閣官房参与を務め、世界遺産に登録された「明治日本の産業革命遺産」の推進役を担った人物である。

研修会では、議員や学者を招いての講演や、ゲーム大会などレクリエーション活動も行った。こうした研修会では、いつも私が司会を務めた。しかし、岡山では青年部のリーダー育成を目的に、司会は青年部のメンバーにやらせてみた。ちなみに青年部のメンバーは、地元の商工会や日本青年会議所（ＪＣ）に所属している者が多かった。

最初の研修会の前夜に私は前乗りしていたのだが、ホテルの部屋にメンバーがやってきた。要件を聞くと、「明日、司会を務めます。スピーチ原稿を読むので、聞いてもらえませんか？」という。快諾《かいだく》して彼のスピーチを聞いてみると、非常にたどたどしく原稿を読み上げていく。私は夜遅くまでアドバイスを続けるしかなかった。

そんな彼らも研修会のリーダー的な役割を重ねるうちに、どんどん成長していった。彼らに限った話ではなく、メンバー全員が、講演会の運営を通じて成長した。研修会で知識を蓄積していっただけでなく、コミュニケーション能力や話術も向上させていったのだ。

そんな彼らは、選挙になると活躍した。加藤六月の選挙運動員として躍動したのである。当時、衆院選は中選挙区制が採用されており、加藤の選挙区は橋本龍太郎と同じ岡山二区だった。二人は同じ党に所属しながらも、ライバル関係にもあったのである。

一九七九年と一九八〇年の衆院選では、いずれも橋本がトップ当選を果たしていた。しかし一九八三年の選挙では、加藤は橋本を抜き、トップで当選した。その理由の一つは、青年部の頑張りにある。

青年部のメンバーの活躍は、自分の教え子の成長を見ているようで、とにかく嬉しかった。しかしこの経緯から、のちに政調会長室長になったとき、同じタイミングで政調会長に就任した橋本や秘書から警戒されることになる。これは、すでに述べた通りだ。

実は勉強熱心な政界の暴れん坊

「ハマコー」の愛称で親しまれ、政界引退後はテレビで活躍した浜田幸一は、裏表のない性格で、テレビで見るままの人物だった。

私が浜田と関わるようになったのは、一九八六年に政調会で農林部会の担当になってからだ。農林部会で深く議論を交わしたわけではないが、参加者の一人として見ていて感じたのは、浜田は喧嘩《けんか》の仕方を知っている、ということだ。とにかく怖い。

米価や乳価などの価格設定をめぐり議論していたときは、納得がいかなかったようで、「この価格じゃ駄目だ！」と吠《ほ》えた。そして誰かが説得しようとすると、「うるさいよ、バカヤロー」と怒鳴りつけるのである。

浜田幸一

とにかく浜田が納得するまで、議論は一切、進まない。みんな苦労していたことを覚えている。唯一、浜田と議論できた人物は、先述の羽田孜である。

羽田は浜田の七つ年下だが、非常に肝が据わっていた。浜田が吠えていると、最終的には「浜田さん、あなたの気持ちも分かりますけどね、ここは一つ、この方向で決定とします」と、半ば強引に意見をまとめてしまう。ただ、それでも浜田が納得しないときもあり、「駄目だ、ふざけるな！」と怒鳴ると、羽田が「あんたも分からず屋だね」といい返すことが何度かあった。二人は昭和の政治家そのものであり、良くも悪くも気骨《きこつ》だけはあったと思う。

一九九一年に国防部会の担当になってからも、私は浜田と部会で関わった。

国防部会の担当になった私は、軍事・安全保障について猛勉強した。すると、徐々に議員たちから意見を求められるようになり、発言する機会も増えていった。党内でも「安保の田村」と認識してもらえるようになったのだ。

それと同時に面白いことが起こるようになった。かねてより国防部会に参加していた浜田が、必ず私の隣に座るようになったのだ。

「君の隣にいれば、何か分からないことがあったときに質問できるからな」といっていた。

私は、部会のときには必ず、早めに会議室の席に着いていた。部会が始まる直前に浜田が入ってきて、会議室を見渡し、私を見つけると、隣に座る。隣に誰かがいると、離れた所にある椅子を持ってきて、割り込むように私の隣に来た。

そんな天衣無縫《てんいむほう》にも見える浜田を見ていて感じたのは、勉強熱心な一面があるということだ。防衛庁の北原巌男《きたはらいわお》（防衛施設庁長官などを歴任し、東ティモール駐在特命全権大使を務める）が、部会の前には必ず各紙の社説のコピーを持ってきた。浜田はそれを熟読し、重要な部分には赤鉛筆で線を引いていた。

このように部会中はずっと何かを読んでいるものだから、議論を聞いていないのかと思うと、いきなり顔を上げて「それは違う！」と吠えることもある。新聞を読みながら、きちんと話も聞いていたのである。

浜田はネームバリューがある政治家だった。しかし、議員時代は副幹事長や衆議院予算委員長などを担当しただけで、大臣や党三役に就くことは一度もなかった。

党内では、人気があるというより、変わった人物と見られていた。名前が知れわたり、長く議員を務めた人物でも、大臣にすらなれないというのは、それなりの理由があるということだ。

野中広務とともに沖縄問題担当に

村山富市内閣では沖縄問題が表面化した。一九九五（平成七）年九月、アメリカ兵による少女暴行事件が発生したのだ。この事件を機に、沖縄の米軍基地への反対運動が激化した。

沖縄には昔から、本土の人間に虐《しいた》げられているという被害者意識が存在する。もちろん、すべての沖縄県民がそのような意識を持っているわけではないが、それは確かに存在するのだ。
「ウチナンチュー対ヤマトンチュー」という対立構図がある。だから「沖縄タイムス」や「琉球新報」などの地元紙も、本土が悪いという論調の記事を掲載している。そうしないと新聞が売れないのだ。

野中広務

米軍基地問題は沖縄県知事や、各市町村の首長が協力してくれなければ、なかなか進展しない。名護《なご》市辺野古《へのこ》付近に米軍基地を作ろうという話が出ると、住民投票が行われることになった。橋本龍太郎内閣になってから、一九九七年のこと。すると住民投票の前に、自民党の議員が沖縄入りした。その一人が野中広務《のなかひろむ》だ。そうして基地の重要性を訴えたのだ。

野中は沖縄に強い思い入れを持っていた。京都府の園部《そのべ》町長だった一九六二年、京都出身兵の慰霊塔建立《こんりゅう》のため嘉数《かかず》の丘を訪れてから、沖縄を意識するようになったという。また、野中は被差別部落出身であり、弱者のための政治を心がけていたことも、沖縄を意識する大きな理由になっていたのだろう。

しかし、住民投票の前に米軍基地の必要性を訴えたが、結局は県民の賛同を得られなかった。反対票が過半数を超えたのである。

その後、名護市長の比嘉鉄也《ひがてつや》が総理官邸に来て、海上ヘリポートの受け入れを表明し、「国の方針に従いたいが、住民投票で反対票が過半数を超えたから、私は市長を辞任する」と告げた。こうして名護市長選が行われることになった。一九九八（平成一〇）年のことである。

当時、野中は幹事長代理を務めるとともに、自民党内に「沖縄県総合経済対策等に関する特別調査会」を設置し、事務総長に就任していた。私は事務局責任者になった。このときから私は、野中とともに沖縄問題に取り組むことになったのである。

名護市長選を制した党職員の戦略

ある日、議員会館にいる野中に呼ばれた。すると野中は、次のように告げた。

「今度、名護市長選挙がある。住民投票のときと同じように中央から議員が行くと、また負けてしまう。そこで、悪いけど田村さん、あなたが現地に行って、取り仕切ってください」

私は政調会の職員として国防や安全保障政策に取り組んでいた。沖縄の状況、基地の必要性も理解している。沖縄経済の振興策にも取り組んでいた。だから野中は私に指示を出したのだろう。

この選挙では、比嘉鉄也の後継者である岸本建男《きしもとたてお》と、革新系の玉城義和《たまきよしかず》が立候補した。私は沖縄入りし、選挙運動に汗を流した。

沖縄県知事の大田昌秀《おおたまさひで》ら革新派には、国際都市形成整備構想があった。ただ、この構想は中部と南部の経済発展を優先させたもので、名護市を含む北部を完全に切り捨てていた。その証拠に、当時、名護市で全国植樹祭が開催されることが決まっていたにもかかわらず、大田知事は、開催地を南部の糸満《いとまん》市に変更したのである。

そのような状況下で私が考えた選挙戦術は、「ウチナンチュー対ヤマトンチュー」の対立図を「北部対中部・南部」に変えることだ。北部は虐《しいた》げられている、玉城が当選したら、北部はいよいよ駄目になってしまう、だから岸本を市長にして、沖縄県北部、やんばる全体の経済を活性化させなくてはならない、そう訴えた。

岸本は選挙期間中、ずっと上手に演説していた。ただ、最後の演説を前に、私はこう助言した。

「岸本さん、選挙活動もいよいよ終わりだ。だから最後の演説では、沖縄北部の経済振興策を細かく訴えるのではなく、『ここまで選挙で闘えたのも、みなさんのお陰です。ありがとうございます。最後にお願いです。勝たせてください』と、シンプルに話しなさい、絶叫しなさい」とアドバイスした。

選挙には雰囲気がある。勝ちそうな雰囲気と負けそうな雰囲気だ。私は衆院選、参院選、地方選を合わせると、一〇〇回以上の選挙を経験した。その経験をもとに、このときの市長選では、勝ちそうな雰囲気を感じていた。岸本の訴えが有権者に届いているとも感じた。だからこそ、最後の演説では、政策ばかりを強調するのではなく、選挙協力者や有権者へのお礼を前面に打ち出すべきだと思ったのである。

演説後、岸本が私のところに来て、「田村さん、どうでした？　いわれた通り話したでしょう」といってきた。その表情から、岸本も手応えを感じているのが分かった。おそらく勝利を確信していたのではないだろうか。

ところが翌日の午後、仲松寛《なかまつひろし》・沖縄県連事務局長と会うと、暗い顔をしている。どうしたのかと聞いたところ、「出口調査で負けている」という。それなら県連は敗北談話を書くしかないいね、などといっていた。

重い足取りで那覇市の県連を出た私たちは、岸本の事務所に向かった。すると雰囲気がまったく違うではないか。みな明るい表情をしている。

そこには、当時は沖縄県連の幹事長で、のちに沖縄県知事になる翁長雄志《おながたけし》もいた。翁長に話しかけると、興奮気味に「岸本が勝っています」というではないか。そして、その直後に岸本の当選確実が出た。私は翁長らと抱き合って喜んだ。「北部対中部・南部」の対立図を強調するという私の作戦が、見事に成功した瞬間である。

その後、東京に戻って野中に会うと、「よくやってくれました。勝ったのは、あなたのお陰です。ありがとう」と労ってくれた。狙った作戦が成功したのは事実だが、もちろん私だけの力で勝ったわけではない。それでも野中は「あなたのお陰です」といった。この辺りの気遣いは、さすがだと思った。本当に苦労人なのである。

そんな野中は、目下の者に対しても、このときのように、常に敬語を使っていた。私もかくありたい。

叩き上げの議員と党職員の信頼関係

野中とは、沖縄に関連して、もう一つ大きな仕事をした。

あるとき東京でタクシーに乗ったら、運転手が沖縄出身だという。そして、以下のような愚痴をいうではないか。

「盆と暮れには必ず沖縄に帰っているのですが、航空料金が高すぎますよね」

私も以前から航空料金は高いと感じていた。そして、航空運賃を下げるには、海外の航空会社が那覇空港を利用できるよう規制緩和すれば良いのではないかと思っていた。たとえば台湾発・東京行きの飛行機が那覇を経由する。そうすれば航空運賃は安くなるのだ。

すると、その構想を知った全日本空輸（全日空）の幹部から連絡があり、党本部にすっ飛んできた。全日空からすると死活問題だからだろう。幹部は以下のようにいうのだ。

「日本は飛行場の着陸料が高すぎます。それを下げれば、航空料金も安くなります」

同意した私は着陸料を下げる方向で動いた。ただ、これを実現させるには、沖縄側からの要望が必要になる。そこで、まず沖縄県連に行って状況を説明し、県連から党に要望を出すよう仕向けた。

その後しばらくして、お盆に誰もいない党本部で仕事をしていると、野中から連絡が入った。「いま、八階の喫茶室にいるんだけど、ちょっと来てもらえませんか」というではないか。

さっそく八階に行くと、いきなり「旅客機の運賃が下がることになりました。それに続いて貨物の運賃も下げようと思うので、運輸省（現・国土交通省）と調整してもらいたいのです」と指示された。要するに、私が仕掛けた通り、県連から野中に要望が行ったということである。もちろん、野中はそのことを知らない。

こうして航空運賃は下がった。その経緯については省略するが、野中も橋本龍太郎と同様、人を信頼すると、とことん仕事を任せてくれる人だった。

議員が私のような職員に対し、各省庁の役人と直接、政策を進めるように指示することは珍しい。そして、その前提として、議員と職員とのあいだに良好な関係が築かれていなければならない。そういう意味では、野中と私のあいだには盤石《ばんじゃく》の信頼関係があった。

ただ、選挙の責任者を任されるとなると、話は別だ。名護市長選を任されたのは異例中の異例。直前の住民投票に負けたため、藁《わら》にもすがる思いだったのかもしれない。私はかつて全国組織委員会を盛り上げ、加藤六月をトップ当選させた。野中はそうした経歴を見ていてくれたのだ。

また、私は宏池会の事務局員を経て、アルバイトとして自民党に入った。叩き上げといっていい。一方の野中も、政治家として、いわゆるエリートとは異なる道を歩んできた。東大法学部卒業でも、キャリア官僚出身でもない。京都・園部町議会議員、園部町長、京都府議会議員などを歴任してきた泥臭い政治家だ。だからこそ、私に同じ匂いを感じ取っていたのかもしれない。

小沢一郎のスパイと疑われた背景

野中広務と親身にやりとりして感じたのは、何事にも非常に熱心で、また誰に対しても威張ることのない人物だということ。ただ、その一方で、厳しさもある。あるフリーのジャーナリストが取材に遅れてきたときは、非常に厳しい顔で、「君はフリーでやっているのだろう。社員記者ではない。こんなことでは、いつまでも仕事などできないぞ」と叱った。しかし、それは愛のある説教だった。

そんな野中だが、当初、私には良い印象を持っていなかったという。私を警戒してさえいたのだ。ある記者が、衝撃的なことを教えてくれた。私が橋本龍太郎の政調会長室長だったときのことだ。

「野中は、あなたのことを、小沢一郎のスパイではないかと疑っているのですよ」

党内で私を疑ったのは、橋本龍太郎に次いで二人目である。

前述した通り、小沢調査会で、私は事務方の責任者を務めた。同調査会では安全保障について議論を重ね、提言としてまとめた。私は自民党の職員だ。そのときどきで仕事をともにする議員に全力で仕える。小沢調査会では、その担当者たる小沢一郎に仕えただけの話である。

ただ、野中と小沢はいがみ合っていた。野中が小沢の悪口をいっていることを直接、聞いたことはないが、両氏の関係が冷え切っていることは、党内の共通認識だった。野中が小沢をどう思っていたか、それは日本テレビ政治部デスクの菊池正史《きくちまさし》の著書『「影の総理」と呼ばれた男　野中広務　権力闘争の論理』（講談社）に詳しい。

小沢は竹下登を担ぎ、経世会の発足に協力した。竹下派の大物・金丸信《かねまるしん》から可愛がられていた。にもかかわらず竹下は、のちに派閥の後継者として小渕恵三を指名した。竹下と小沢の関係悪化について、同書では、野中の言葉を交えて以下のように伝えている。

〈「竹下さんが小渕さんを内閣官房長官にして、小沢さんを副長官にしたときに、小沢さんは心中穏やかじゃなかったと思う。『竹下はやっぱり小渕を後継者にしようとしている。自分がいくら一生懸命やっても理解してくれない』という気持ちが湧いてきたのではないかと思う。私は、この時から小沢さんは変わったなあという感じをもったんです。功を焦《あせ》っているというか、存在感を示そうと躍起《やっき》になっているというか」

野中は、小沢の行動の根本に権力欲を見た。野中は本能的に、強すぎる権力欲を嫌悪《けんお》する〉

そしてやはり、野中は小沢を忌《い》み嫌った。だから、そんな小沢と仕事をしてきた私をスパイではないかと疑ったのである。

しかし私は、仕事で信用を勝ち取るしかない。その後、沖縄経済振興対策で一緒に仕事をしたのも、名護市長選を任せたのも、ある意味では、私を試したのかもしれない。仕事をするたびに、野中はどんどん温かく接してくれるようになった。こうして私も、野中と会うたびに喜びを感じるようになったのである。

博識な政治家が総理になれないわけ

たとえ優秀な政治家でも、必ずしも総理にはなれない。平沼赳夫を見て、私はその理由が分かった。

平沼は佐藤栄作と中川一郎の秘書を歴任し、二度にわたって衆院選に出馬するも落選。三度目の挑戦となった一九八〇年の衆院選で、ようやく初当選を果たした。

自民党では村山富市内閣で初入閣すると運輸大臣を務め、森喜朗内閣では初代経済産業大臣を務めた。政治家として順調に出世街道を邁進《まいしん》していたと思う。党内には将来の総理候補という声もあったほどだ。しかし、その後は小泉純一郎が推し進めた郵政民営化に反発し、党から離党勧告を受け、自民党を去った（二〇一五年に復党）。

自民党青年局の仕事を手伝っていたころ、若手議員だった平沼の全国遊説に随行したことがある。このとき平沼の演説を聞いて、ただシンプルに、この政治家は利口すぎる、器用すぎると感じた。

平沼は演説のたびに違う話をする。たとえば京都での街頭演説では、それこそ多種多様なテーマについて演説した。これには驚いた。

もちろん政治家は、ただ一つの政策に取り組めば良いというわけではない。とはいえ、毎回違う話をしていると、自民党のほかの議員や私のような職員、そして有権者は、「この人

自民党青年部の街頭演説での平沼赳夫（右から３人目）

はいったい何がしたいのだろう」と、疑問を抱いてしまうのである。

二〇〇九（平成二一）年の衆院選で、小泉の遊説に随行したことは前述した。そのとき小泉は、どこの街に行っても、誰に対しても、まったく同じ話をしていた。自民党の改革が道半ばであること、経済状況を改善するためには自民党の経済政策しかないこと、それをひたすら繰り返したのである。

これは小泉に限った話ではなく、大物になる政治家に共通している点だ。自分がいま最も重要だと考えていることを、ひたすら訴える。それが大事なのだ。一発芸で人気を得た芸人が、自身のライブでそのネタをやらなかったらどうなるか。聴衆はガッカリするだろう。政治家もそれと同じで、「そんなの関係ねえ」などといってはいられない。

結局、平沼は自分の才能と演説を過信していたようだ。それが原因で、総理の座には手が届かなかった。もし郵政民営化の際に自民党を離党しなかったら、平沼に心酔していた安倍晋三や中川昭一《なかがわしょういち》の支援を受けて、総裁選に出ていたことだろう。

平沼は、議員に当選したときから自ら冊子を作り、一貫して憲法改正を訴えていた。昔はよく二人で憲法改正について語り合ったものだ。残念である。

谷垣禎一と舛添要一の大違い

私が宏池会の事務局員を務めていた時代、文部大臣の谷垣専一も在籍していた。まだ私は下っ端の事務局員にすぎず、専一と深く政策を語ったことはない。ただ、専一は派手なタイプではないが、政策に明るく、派閥内の議員からの信頼も厚かったように思う。また、非常に気さくで、事務所に来ると、私にも「調子はどうかね？」などと、笑顔で話しかけてくれたことを覚えている。

そんな専一が一九八三年に死去すると、あとを継いだのが、息子の谷垣禎一だ。そのため、禎一にはずっと注目していた。

禎一は、月並みな言い方だが、真面目《まじめ》な人だ。強いリーダーシップを発揮したり、ライバ

谷垣禎一

ルを蹴落として出世していくタイプではない。また、人によって態度を変えるようなことはなく、職員からの人気が高かった。

一九九九年五月、自民党京都府連から依頼され、京都・福知山《ふくちやま》市で「ガイドラインと沖縄問題」国政・区政報告会の講演をしたときのことである。このときは禎一から、直接、「わざわざ田村さんに地元まで来ていただき、感謝します。田村さんの防衛の話は分かりやすくて定評がありますから、みなさん期待していますよ」と、丁寧な挨拶をいただいた。

現職の議員からそういわれて悪い気はしない。そしてこれが、政治家・谷垣禎一の魅力だと思う。人をその気にさせるのだ。

二〇〇九（平成二一）年の政権交代に際し、麻生太郎は自民党総裁を辞任した。自民党は大惨敗、野党に転落した。

その直後に行われた総裁選では、禎一は西村康稔《にしむらやすとし》と河野太郎《こうのたろう》と争った。この総裁選に禎一が出馬してくれて、本当に良かった。若い西村や河野が総裁になっていたら、党は混乱していたと思う。

しかし禎一は、本当はこの総裁選に出たくなかったという。当選したとしても野党なのだし、それを責めることはできない。しかし、火中の栗を拾おうとした。

当時は舛添要一の出馬も噂されていたが、結局、出馬しなかった。のちに、なぜ出馬しなかったのかと聞いたことがある。すると彼はこう答えたのである。

「野党の党首になっても意味がない。その間に、自分の政治家としての賞味期限も切れてしまう」

このように、総裁を務める力量がある議員は、誰もやりたがらなかった。だから仕方なく禎一が出馬したというのが実情だ。

禎一は約三年にわたり野党・自民党の総裁を務め上げた。ただ残念に思うのは、与党に返り咲く直前の二〇一二年九月、自ら総裁の座を降りたことだ。総裁選の出馬を辞退したのである。

その大きな理由は、谷垣総裁のもとで幹事長を務めていた石原伸晃が出馬したからである。禎一の人の良さが仇《あだ》となったのかもしれない。その点、禎一には、政治家としての運がなかったともいえる。

もちろん、あとを継いだ安倍晋三が完璧に近い仕事をしているのだから、結果的には吉と出た。しかし、党が苦しんでいた時期に尽力した禎一にも、一度は総理になってもらいたかった、それが私の正直な思いである。

魂を売った政治家・与謝野馨

自民党では政策通として有名だった与謝野馨《よさのかおる》は、確かに博識で、経済政策については党内で一、二を争うくらいの存在だった。小泉内閣で政調会長のときに一緒に仕事をしたが、極めて頭脳明晰な人物だった。さらに、気さくなところがあり、職員からも人気があった。ただ、政策通は自分の知識に酔ってしまい、間違った方向に進んでしまうことがある。

まず与謝野を見ていて感じたのは、筋が通っていないということだ。

二〇〇九年に自民党が野党に転落したあとも自民党に残り、国会では当時の鳩山由紀夫内閣を批判していた。また、二〇一〇年に出版した著書『民主党が日本経済を破壊する』(文春新書)でも、民主党の経済政策を痛烈に批判している。私も『なぜか誰も書かなかった民主党研究』『民主党はなぜ、頼りないのか』(共に成甲書房)など、民主党批判本を出しているることから、与謝野の民主党批判には意を強くした。さらに与謝野の言動からは、自民党を立て直し政権を奪還するという覚悟を感じた。

しかし二〇一〇年、突如として自民党執行部を批判し始めた。同年四月号の「文藝春秋」では、「新党結成へ腹はくくった：日本経済を救う『捨て石』になる」という論文を寄稿。

以下のように語っている。
〈昨夏の総選挙で大惨敗を喫して野党に転落した自民党も、政権交代から半年が経過しようというのに、いまだに与党ボケが治っていない。残念ながら、谷垣禎一総裁率いる党執行部からは、鳩山政権を倒すという気構えも窺えない。このまま手をこまねいていては、自民党は近い将来永田町から消え去ってしまうだろう。しかし、そうした危機感すら現執行部にはない〉

そして同年四月、与謝野は離党したのである。もちろん、自民党を離党したこと自体は責めない。その直後に与謝野は、平沼赳夫、園田博之《そのだひろゆき》、そして当時は東京都知事だった石原慎太郎らと「たちあがれ日本」を結党した。

与謝野馨

しかし問題は、その後の与謝野である。翌年一月、与謝野は同党を離党、そして散々文句をいっていた先の民主党・菅直人内閣に入閣したのである。そうして菅内閣では、内閣府特命担当大臣（経済財政政策、男女共同参画、少子化対策）を務めたのだ。

これを受けて、以前、ある政治家がいっていたことを思い出した。

「与謝野というのは、陽の当たるところが好きなんだよ」

そのときは権力欲が強いのかな、とだけ捉えていた。が、要は大臣のポストに就けるなら、政治観や歴史観、そして国家観が違う菅直人に仕えることも厭《いと》わないということだったのである。

与謝野は引退後に自民党に復党した。最後は自民党で終わりたかったのだろう。少し嫌味な言い方になるが、菅内閣に仕えた政治家の復党を認めた自民党は、なんて懐が深い政党なのだろうと感じざるを得ない。

二階俊博が中国との窓口を持つゆえに

その類い稀《まれ》なる調整能力と懐の広さで、自民党幹事長として安倍晋三総理を支えてきたのが、二階俊博《にかいとしひろ》だ。

二〇一五年、小西美術工藝社社長のデービッド・アトキンソンが、その著書『新・観光立国論』(東洋経済新報社)で山本七平賞を受賞した。その記念として、翌二〇一六年一月に東京でシンポジウム「日本の『新・観光立国』をどう実現するか!」を開催した。日本をより魅力的に感じてもらい、多くの外国人観光客を受け入れるにはどうすべきか、それをテー

二階俊博と著者

マに語ったシンポジウムだ。そのお手伝いをした。

司会は私が務め、パネリストは、アトキンソンのほか、二階俊博・総務会長、林《はやし》幹雄《もとお》・経済産業大臣、加藤勝信《かとうかつのぶ》・一億総活躍担当大臣、下村博文《しもむらはくぶん》・前文部科学大臣、山本幸三《やまもとこうぞう》・自民党観光立国調査会長、田村《たむら》明比古《あきひこ》・観光庁長官、田川博己《たがわひろみ》・日本旅行業協会会長という超豪華メンバーだ。

シンポジウムの開催が決まり、真っ先に声をかけたのは二階俊博だ。二階は党内で最も観光に力を入れてきたからだ。

それまでの私は二階と挨拶を交わす程度で、ほとんど接点がなかった。このシンポジウムで初めて深く関わったといっても過言ではない。

シンポジウム「日本の『新・観光立国』をどう実現するか！」に出席した二階俊博（左端）

いま、中国、韓国、台湾からの観光客が多く来日しているのは、二階が全国旅行業協会（ＡＮＴＡ）の会長として旅行会社などと議論し、外国人を受け入れる体制を整備してきたからだ。

二階は、特に中国と、良好な関係を築いている。この点について保守派の人は批判的な態度を示している。しかし、日本経済がこの三〇年のあいだ低迷する一方、中国は大きな発展を遂げた。一九八九（平成元）年の時点で、世界の株式時価総額ランキングのトップ三〇社のうち、二一社は日本企業が占めていた。しかし二〇一八（平成三〇）年になると、日本企業はゼロ。一方、一九八九年にゼロだった中国企業は、二〇一八年には四社に急増している。

もちろん、国家資本主義ともいえる中国は、特に国有企業に対する優遇措置があるので、これを額面通りに受け止めることはできない。しかし、中国が無視できない存在になったことを否定する日本人は皆無だろう。そんなとき、二階の中国との関係性は、非常に重要になってくる。

もちろん、尖閣《せんかく》諸島の領有権など、譲ってはならないこともある。ただ、中国を忌《い》み嫌い、批判ばかりするのが政治ではない。現実を見て、日本のメリットとなる付き合い方を考えるのだ。

それには、まず中国との窓口が必要だ。そこに二階が控えている。リアリスト政治家の面《めん》目躍如《もくやくじょ》である。

野党転落で離党した石破茂の評価

さて、安倍晋三総理に対して批判的な意見や、時に足を引っ張るような意見をいってきたことから、「党内野党」と呼ばれてきたのが石破茂だ。

石破には、以前からその傾向があった。政界が混乱していた一九九三年、宮澤喜一内閣が野党から内閣不信任案を提出されたときには、自民党に所属していたにもかかわらず、賛成票を投じた。そして、非自民・非共産の細川護熙内閣が誕生したタイミングで、自民党を離党してしまった。

その後、改革の会、新生党、新進党、無所属を経て、四年後の一九九七年に自民党に復党した。

党内には、いまだに「自民党が最も苦しかった野党時代に逃げた」と感じている人が少なくない。だから、当選が有力視されていた二〇一二（平成二四）年の総裁選でも、勝ち切れなかったのだと思う。自民党内には石破に対して不信感を抱いている人が多々いる、ということだ。

石破茂

二〇一四（平成二六）年九月、第二次安倍晋三改造内閣は、集団的自衛権の行使を含む平和安全法制の議論を本格化させるに当たって、安全保障法制担当大臣を新設することにした。このとき安倍総理は、石破茂に就任を要請した。しかし、石破は固辞したのである。結果、防衛大臣の江《え》渡《と》聡徳《あきのり》が兼務することになった。

このあと国会で平和安全法制の審議が始まると、民主党や共産党が強く反発してきたのは周知の通りだ。また、新聞も週刊誌もこぞって批判的な報道を繰り返した。もし石破が大臣の要請を受け、担当大臣として野党と対峙し、平和安全法制の成立の一翼を担っていたら、間違いなく党内での評価は上がっていたことだろう。

私はいまも、防衛族の頂点にある石破に期待している。

ヒゲの隊長が議員になったあとの評価は

佐藤正久《さとうまさひさ》と出会ったのは、彼が陸上自衛隊を退官する直前の二〇〇六（平成一八）年末だったと記憶している。

私は国防部会を長く担当したため、陸上自衛隊とも縁がある。あるとき、陸自OBの幹部から電話連絡があった。その内容は「イラク派遣で第一次復興業務支援隊長を務めていた佐藤正久の本を出したいから、一流の出版社を紹介してもらえないか」ということだった。

早速、講談社で私の『新憲法はこうなる』を出版してもらった間渕隆《まぶちたかし》に相談、快諾してもらった。そして私と間渕、陸自OBと佐藤も含めた四人で、帝国ホテルで会ったのだ。そうして二〇〇七年三月、佐藤の初の著書『イラク自衛隊「戦闘記」』（講談社）が出版され、ベストセラーになった。

初めて佐藤に会ったときの印象は、非常に話し上手だということ。佐藤はイラクの部族長から「サミール（話が上手な人）」の称号を得たというのも納得だった。

与党安全保障プロジェクトチームの会合に出席する佐藤正久（右から２人目）

その年の七月には参院選に自民党公認で出馬して初当選。二〇一五年に平和安全法制の審議が始まると、元自衛官として活躍した。安全保障法制担当大臣を固辞した石破が評価を下げる一方で、佐藤は多数のメディアに出演して党内での評価を上げたのである。

同年七月には、テレビ朝日の情報番組「モーニングバード」に出演すると、平和安全法制に否定的な番組において、臆することなく法整備の必要性を訴えた。また、コメンテーターから「他国の戦争に巻き込まれる」「徴兵制が始まるのではないか」と危惧する声が上がると、一つひとつ丁寧に否定していった。

番組出演直後、佐藤は自身のツイッタ

ーで以下のように呟いた。

〈【テレビ朝日モーニングバード、報道番組ではなく討論ワイドショーみたいでした】玉川《たまかわ》さんは社員？　評論家？　不明だが、徴兵制に前向きなのか、徴兵制にかなり拘《こだわ》っていた。憲法上も無理だし実際に自衛隊の現場にいた私が必要性ないと言っているのに。テレビ朝日は徴兵制に前向きなのか？　疑問を感じた〉

低レベルで、反対ありきの報道姿勢に対し、かなり頭に来ていたのだろうと思う。しかし、この時期の佐藤は大活躍した。

佐藤は二〇一三年の参院選で、党内三位の得票数で再選を果たしている。人気の秘密は、決して偉ぶらないところだ。以前はペコペコしてきたくせに、当選した途端、急に態度が変わる政治家は多い。私もそうした政治家を何人も見てきた。しかし佐藤はその逆で、むしろ当選してからのほうが謙虚になったような気がするほどだ。今後も実績を重ね、いずれは防衛大臣になってもらいたい人物である。

佐藤について一つ面白い話がある。本を出版するに当たり、講談社の編集者を紹介したことは前述した。会うなり編集者は自分の胸ポケットに手を入れた。名刺を取り出そうとしたのである。するとその瞬間、佐藤は半身に身構えた。胸ポケットから拳銃でも出すと思ったのかもしれない。さすがは自衛官である。危機管理がしっかりできていると感じた。

進次郎の「父がお世話になりました」

二〇〇六年、アメリカの戦略国際問題研究所（ＣＳＩＳ）のジョン・ハムレ所長と、先述したマイケル・グリーンが来日し、ホテルオークラ東京で面会した。その席には小泉進次郎もいた。進次郎は二〇〇六年、非常勤研究員としてＣＳＩＳに所属していた。だから両氏の付き添いとして来ていたのである。

両氏との面会が目的だったため、このとき私は、進次郎と挨拶を交わした程度だった。

次に進次郎に会ったのは、二〇〇九年の衆院選の直後、党本部の部会でのことだ。初当選を果たした進次郎に私が「当選おめでとう」というと、「お久しぶりです！」と話しかけてきた。さらに進次郎は「父がお世話になりました」と続け、再び頭を下げてきた。

衆院選の際に私が小泉純一郎に随行したことは前述した。そのことを進次郎も知っていたのである。当選直後の議員にしては、ずいぶんとしっかりした人物だと感じた。

それから進次郎は、「田村さんの本を読んでいます」といい、続けて「実はマイケル・グリーンさんから『困ったことがあったら、田村さんの指導を受けるように』といわれたのです。だからこれからお世話になります」というではないか。

私はすっかり気分が良くなってしまった。その間わずか数十秒だ。進次郎は人の心をつかむのが本当に上手である。このまま行けば、親子二代の総理を狙えるのは間違いない。

進次郎が大臣にならない理由

小泉進次郎が当選してからの約三年間、自民党は野党だった。そのため、国会の各委員会で質問をすることが、自民党の議員の重要な役割であった。安全保障委員会を担当している議員が質問を考える際には、私は多くの議員から相談を受けた。質問に必要な資料を揃えたり、場合によっては質問の原稿そのものを書くのである。

進次郎も相談をしてきた議員の一人だ。あるとき私に電話をかけてきて、「今度、質問に立つので、たいへん申し訳ないのですが、質問のポイントと関連資料を集めていただけますか」という。私は快諾して、すぐに資料作成に取りかかった。

小泉進次郎と著者の席で

資料の作成が終わると、議員会館の進次郎の事務所に電話した。ほかの議員の場合、私が事務所まで出向いて議員に説明するのが通例である。

しかし、進次郎だけは違った。秘書が「議員が田村さんのところへ行きますので、時間の調整をお願いします」という。そうして約束の時間になると、進次郎は自民党本部三階の私の席までやってきた。

このように、本当に気配りができる人なのである。また、佐藤正久と同様、当選を重ねても偉ぶるところがない。計算からではなく、自然に気配りできるので、進次郎は党内でも評判がいい。人気の秘密はルックスだけではないのだ。

おそらく幼少のころから厳しい教育を受けたのだろう。自民党の若手議員で、進次郎ほどの人格者はいないと断言できる。

また、進次郎は政治を知っている。二〇一五年には農林部会長に就任したのだが、農業を改革するには、大臣よりも部会長になったほうが良いとわきまえていたのだ。

加えて進次郎は厚生労働部会長も務めている。高齢社会の日本では、年金や医療が大問題になっている。それを改革しようと思ったら、部会長になるほうが強い影響力を行使できる。進次郎はそれを知っているからこそ、大臣などには色気を見せない。

このように、進次郎は若くして既に政界のことをよく理解している。将来、大物になると、私は確信している。

反日日本人と闘う女性議員

自民党の若手議員のなかで、私が大きな期待を寄せているのが、杉田水脈《すぎたみお》だ。

杉田は二〇一二年の衆院選で、日本維新の会から出馬して当選。同党が分党した際には、平沼赳夫らとともに次世代の党を結党した。しかし、二〇一四年の衆院選で落選。その後は約三年にわたり、ジャーナリストとして世界を飛び回り、二〇一七年の衆議院選挙で、自民党の比例代表で当選した。

二〇一五年には国連の女子差別撤廃委員会でスピーチし、韓国が主張している「慰安婦の強制連行」を否定した。しかもフランス語を駆使して。

韓国は慰安婦問題を中心とする歴史問題で、ずっと日本を糾弾《きゅうだん》している。ただ、この慰安婦問題は、実は日本人が火を点けた問題だ。つまり、問題の原因は戦後の反日日本人にある。そして、杉田もそれを理解している。だから韓国ばかりを批判するのではなく、むしろ国を売るような行動をする日本人を問題視しているのだ。

こうした点が杉田の素晴らしさだと思っている。闇雲《やみくも》に韓国の悪口ばかりをいっている人たちとは違うのだ。

その杉田は、二〇一八年、「新潮45」（八月号）で〈「LGBT」支援の度が過ぎる〉という論文を寄稿した。限られた税金をLGBT（レズ・ゲイ・バイセクシャル・トランスジェンダー）の人々のために優先的に投入するのはおかしいのではないか、と問題提起したのだ。

しかし、論文の〈彼ら彼女らは子どもを作らない、つまり「生産性」がない〉という一文だけが取り上げられ、杉田はメディアなどから叩かれた。

そもそも杉田が狙われたのは、国会で科研費《かけんひ》を取り上げたからだと思う。杉田は二〇一八年二月二六日、衆議院・予算委員会分科会で、独立行政法人日本学術振興会交付の科学研究費助成事業について質問し、以下のように語っている。

「科研費という名目でかなりの金額が、いろいろな大学の教授であるとか研究室であるとか、そういうところに交付をされているようなんですね。（略）いま、慰安婦問題の次に徴用工の問題というのは非常に反日のプロパガンダとして世界に情報がばらまかれておりまして、昨年は『軍艦島』というような本当に嘘だらけの映画が韓国で公開されまして、そういったことがあるなかで、そこのところに、日本の科研費で研究が行われている研究の人たちが、その韓国の人たちと手を組んでやっている。

最近は、外務省のほうがこういった日本の真実のことを発信するのに前向きな動きになってきているんですけれども、文部科学省のほうがこれを後ろから弾を撃っているみたいなものではないか」

これに反応を示したのが、法政大学教授の山口二郎《やまぐちじろう》だ。山口は、二〇一五年に国会前で行われた「安保法制反対デモ」に参加し、「安倍にいいたい。お前は人間じゃない、叩き斬ってやる！」と叫んだ人物である。

ジャーナリストの櫻井《さくらい》よし子《こ》が「週刊新潮」（二〇一八年五月三・一〇日ゴールデンウイーク特大号）の連載「日本ルネッサンス」で書いた記事「科研費の闇、税金は誰に流れたか」によれば、この山口は、一六年連続で科研費を獲得し、その合計は六億円近くに上るという。

山口は、二〇一八年一二月の韓国海軍によるレーダー照射事件についても、韓国側を擁護する立場を取っている。とにかく何でも反安倍に結び付ける人物で、国益などはまったく考えていないようだ。そうした人物に国の税金によって支えられてきた科研費が使われているのはおかしいのではないかと、杉田は訴えたのだ。

山口らからすると、痛いところを突かれたわけだ。だから杉田のＬＧＢＴの論文にも食い付いたのではないだろうか。

杉田は当選二回の若手議員である。そんな若手議員の論文に過剰に反応し、メディアまで大騒動する。私は杉田に、「あなたの存在は大臣級だから、こんなに騒がれるんだよ」といって励ました。日本には杉田のような政治家が必要であるからだ。

彼女には行動力がある。実は、口ばかりで何の行動もしない議員は多い。そのなかで、彼女の存在は貴重だ。今後の活躍に大いに期待している。

第四章　国会議員の品格

最も尊敬する社会党議員とは

本章では私が関わってきた他党の議員、あるいは自民党を去っていった議員について語っていきたい。彼らのなかにも尊敬すべき政治家が数多くいるのだが、その行動に疑問を呈さざるを得ない人物も多い。

まずは社会党の岩垂寿喜男《いわたれすきお》だ。

自民党と社会党は一九九四年からは約一年半にわたって連立政権を組んだ。社会党は政争を繰り広げてきた相手であり、当然のことのように理念も思想も異なる。とはいえ、そんな社会党にも、心の底から尊敬できる政治家がいた。その筆頭が岩垂寿喜男である。約四〇年にわたって接した政治家のなかで、最も好きな政治家といって良いかもしれない。

一九九四年のお盆休みのさなか、自宅の電話が鳴った。山崎拓《やまさきたく》からの電話だった。「悪いけど、いますぐ党本部に来てくれ」という。私は急いでスーツに着替え、永田町に向かった。山崎は四階の幹事長室で私を待っていた。

「お待たせしました」と挨拶すると、山崎は「休み中に呼び出して悪いね」と詫び、要件を切り出した。

「実はアフリカのルワンダに自衛隊を送ることになりそうだ。その前に国会議員の調査団を結成して視察に行く。団長は社会党の岩垂だ。ただ、私はあんな危険なところには行きたくないので、自民党からは大《おお》野《の》功統《よしのり》と中谷元が行く。そこで君には事務局長として行ってきてもらいたい」

当時は自民党、社会党、新党さきがけの連立による村山富市内閣の時代だ。山崎は連立政権「防衛調整会議」の自民党責任者を務めており、自衛隊の海外派遣に関しても取り仕切っていた。

さて、調査団の団長は、社会党の責任者である岩垂寿喜男が務めることになった。また、自民党からは国防部会長の大野功統と中谷元が参加することになった。

岩垂寿喜男

ルワンダでは一九九〇年から三年にわたってフツ族とツチ族の凄絶な内戦が起きた。周辺国に流出した難民の多くはコレラや赤痢などに感染し、多くの死者が出るなど、極めて悲惨な状態にあった。

日本は国連難民高等弁務官事務所（UNHCR）の要請を受け、国際平和協力法（PKO協力法）に基づく初の人道的な国際救援活動を行うことになった。そして、難民が流入した街、ルワンダから国境を越えたザイール共和国（現・コンゴ民主共和国）のゴマに、自衛隊を派遣することが決定されたのだ。

しかし村山内閣では、自衛隊を派遣する前に政治家が現場に出向くことになっていた。現地調査を役人任せにするのではなく、政治家がその目で視察しておくことが重要だという認識があったからだ。

アフリカのルワンダやザイールは内戦直後だ。しかも、伝染病が流行しているエリアに行く。私は重い気分で帰宅した。そして妻に、「アフリカのルワンダに視察に行くことになった」と伝えた。妻からは「そんな危ない場所には行かないで」といわれたが、仕事だから仕方ない。そう宥《なだ》めるしかなかった。

余談になるが、私は視察や随行などで世界中を飛び回ってきたが、妻から出張を反対されたのは、二ヵ国だけである。一つは、このときのルワンダ、そしてもう一つは、イラク戦争後のイラクだ。

「もし派遣中に自衛隊員が犠牲になったら」

山崎からの指示を受け、その一週間後には、すでにルワンダに出発していた。一九九四年八月末のことである。

ルワンダ調査団一行

日本からルワンダへの直行便はない。そこで、まずはイギリス・ロンドン経由でケニアまで行き、ケニアからはＵＮＨＣＲがチャーターしてくれた飛行機に乗ってルワンダへ。そして多くの難民がいるザイールを回った。

ルワンダに向かう機内で岩垂が話しかけてきた。

「社会党では、難民救済とはいえ、自衛隊を海外に派遣することすらきついのですよ」

それはそうだろう。つい最近まで非武装中立を唱え、自衛隊を違憲として廃止しようとしてきた政党なのだから。

続けて岩垂は、「田村さん、このミッションでは、自衛隊を派遣することになる」

という。それは山崎の話から分かっていた。調査団の視察は建て前であり、自衛隊の海外派遣は既定路線だったのである。

岩垂は社会党の議員だ。だから、ひょっとしたら「自衛隊を派遣したくない」というのではないかとも思っていた。しかし、岩垂は逆の主張をした。「やはり自衛隊を派遣しなければならない」というのである。ルワンダやザイールは混乱状態にあることを知ったうえでの発言だ。

さらに岩垂はこう続ける。

「もし派遣中に自衛隊員が一人でも犠牲になったら、私は議員バッジを外す覚悟をしているんです」

非常に気骨のある議員だと思った。言葉の端々を捉えて文句ばかりいっている現在の野党議員とは大違いだ。自民党でも、これほど強い覚悟を持っている議員は少ない。

実際、山崎が「あんな危険なところには行きたくない」といってきたのに、本物の命と政治生命を賭けて岩垂は、団長としてルワンダとザイールを回ったのである。

どう考えても岩垂のほうがサムライだ。私は岩垂に心酔してしまい、「今回は党派を抜きに事務局長として岩垂さんに仕えます」と告げた。すると、岩垂が照れ臭そうな顔をしていたのを覚えている。

現地では、ルワンダの政治家であり軍人のポール・カガメら要人と面会した。また、紛争の跡地も視察して回った。内戦の直後だったので、宿泊したホテルの壁は銃痕だらけ……改めて「大変な場所に来てしまった」と身震いした。

視察のあいだは常に岩垂の横に貼り付き、私は感じたことを述べていった。また、岩垂の話をメモに取り、報告書としてまとめていった。

この調査団は、国際電話ができる衛星電話と専用のアンテナを持参していた。そして、ルワンダから総理官邸に電話をかけて中間報告を行った。

一方、国会では、私たちが調査をしているあいだに自衛隊の装備について論争になっていた。

山崎拓

自衛隊の海外派遣では、各隊員が拳銃と小銃を装備するのが通例だった。ただ、ルワンダやザイールは、それまで自衛隊が派遣されたペルシャ湾やカンボジア、そしてモザンビークより混乱していた。そのため、機関銃も装備すべきではないか、その場合は何丁持っていくべきか、そうした点が論争になっていたのである。

私は、自衛隊の装備は政府の責任で決めることだと考え、岩垂に訴えた。岩垂も同意してくれたので、調査団は「装備は政府の責任で決定すべきだ」と伝えた。総理官邸側もそれで納得したようだった。

成田空港で待っていた山崎拓は

調査を終えて帰国すると、山崎拓が成田空港で待っていた。そして団長の岩垂に声をかけて、二人は空港内の事務室に消えていった。すぐに、何かトラブルが起きていると理解できた。

それから数十分して戻ってきた岩垂は、私のところに来て、深々と頭を下げる。何があったのかと訊ねると、以下のように答えた。

「田村さん、申し訳ない。山崎さんから『機関銃を何丁装備させるかが政治問題となった。いまこの場で決めなくてはならない』といわれてしまった。山崎さんは三丁と主張し、私は一丁と主張した。その結果、あいだを取って二丁に決まってしまったのです」

前述の通り、岩垂と私は、現地から「装備は政府の責任で決定するべきだ」と報告した。これは調査団全員で議論した結果である。いわば調査団の約束事だ。しかし岩垂は、山崎との議論で、この決定を覆《くつがえ》してしまった。そのため私に頭を下げてきたのである。

普通の議員なら、他党の職員になど、頭を下げたりはしない。改めて岩垂の人間性に魅了された。

ただ岩垂の話を聞いて、なんと防衛庁（当時）は愚かなのだろう、と思った。岩垂は社会党に所属する議員だ。だから機関銃の数を一丁と主張したのも頷ける。では、なぜ山崎が三丁といったかといえば、防衛庁は最低でも三丁必要だと考えて事前に根回しをしたからだ。だから現地でも、自民党議員が「機関銃は三丁」と主張した。

しかし調査団の報告は、「政府の責任で決定すべき」とした。にもかかわらず防衛庁は、馬鹿正直に「三丁欲しい」と訴えてしまった……それであれば「一〇丁は必要だ」とでもいうべきだったのだろう。そうすれば、三丁どころか五丁か六丁になっていたはずだ。それが交渉というものである。

「武器輸出三原則」をめぐる自社の対立

次の政治家は社会党の野坂浩賢《のさかこうけん》。一九九五（平成七）年八月に発足した村山改造内閣で官房長官を務めた人物だ。

この時期、自社さの三党は、共同で「平成八年度以降に係る防衛計画の大綱について」（防衛計画の大綱）を作った。とはいえ社会党は、自民党と連立するまで自衛隊の存在を認めていなかった政党である。当然、自民党と社会党では防衛に関する認識にも大差があり、大綱をまとめるのは難航した。

社会党は「武器輸出三原則」を盛り込もうとした。ただ武器輸出三原則は、かつて日本政府が採ってきた「方針」に過ぎず、「法律」で規定したものではない。

まず一九六七（昭和四二）年四月二一日、佐藤栄作《さとうえいさく》総理は、衆議院決算委員会で、以下の三項目に該当する場合の武器輸出は認めないと語った。

①共産圏向けの場合

②国連決議により武器等の輸出が禁止されている国向けの場合

③国際紛争の当事国又はそのおそれのある国向けの場合

次は一九七六（昭和五一）年二月二七日、三木武夫総理が衆議院予算委員会で、以下の三項目を政府の見解として表明した。

①三原則対象地域については武器の輸出を認めない。

②三原則対象地域以外の地域については、憲法及び外国為替及び外国貿易管理法の精神にのっとり、武器の輸出を慎むものとする。

③武器製造関連設備の輸出については、武器に準じて取り扱うものとする。

以上のように、あくまでも政府の統一見解として、国会の委員会で示されたものに過ぎない。だから、これを防衛計画の大綱に盛り込むわけにはいかなかった。

そこでどうすれば良いかと考えた私は、一つの解決策を考えた。大綱では武器輸出三原則については記述せず、その代わり野坂が官房長官談話として語る、というものだ。

野坂浩賢の政治家特有の潔さとは

さっそく村山総理の河野道夫秘書官から野坂に連絡を取ってもらい、総理官邸の官房長官室を訪れた。ただ、そのときの私は、やや憂鬱《ゆううつ》な気分だった。野坂を納得させる自信がなかったからである。

自民党の議員なら、直接やりとりがない人でも、何となくどういう性格であるかは分かっている。しかし、社会党の議員となると話は別だ。前年に連立を組むまでは、完全に敵同士だったのである。そんな野坂を説得しなければならないのだから、考えただけで憂鬱になるのもしかたがないことだろう。

しかし、党が掲げた安全保障の政策を実現させるのは、国防部会担当の私の仕事である。だから、絶対に説得するという強い覚悟を持って野坂と会った。

官房長官室の扉をノックしてなかに入ると、野坂は立ち上がって頭を下げてきた。偉ぶったりはしない。連立しているとはいえ、私は他党の職員だ。気を遣ってくれたのだろう。

私は直立したまま「今日はお忙しいなか、すみません」といい、「防衛計画の大綱の件で来ました」と要件を告げた。少し野坂の顔が強張《こわば》ったように感じた。

野坂は室内中央に置かれた長いソファに座ると、向かいのソファを指して、「どうぞ、おかけください」という。私もソファに座り、すぐに本題に入った。

「やはり自民党としては、防衛計画の大綱に武器輸出三原則を盛り込むことは容認できません。ただ、御党《おんとう》にも事情があると思います。そこで私からの提案なのですが、野坂さんの官房長官談話で、武器輸出三原則に言及するのはいかがでしょうか？」

野坂はしばらく黙り込んだ。失敗だったのか……重苦しい時間が流れた。と、野坂が深く頷くではないか。そして「よし、それで行こう！」という。

絶対に反論されると思っていた私は、拍子抜けしてしまった。同時に、野坂から、政治家特有の潔さも感じた。

政治には調整が付き物だ。自分がやりたいことだけやっていたのでは、政敵に潰されるだけである。何かを成し遂げるためには、何かを犠牲にしなければならない。野坂もそれをよく分かっていたのだろう。そういう意味では、政治家のなかの政治家だと思う。

そうして一九九四（平成六）年一一月二八日、防衛計画の大綱を発表した。直後に行われた官房長官談話では、野坂が武器輸出三原則に触れ、以下のように語った。

「武器輸出三原則等に関しては、装備・技術面での幅広い相互交流の充実による日米安全保障体制の効果的運用との調和を図りつつ、国際紛争等を助長することを回避するというその基本理念を維持していく所存であります」

こうして自民党は、社会党の面子《メンツ》を潰すことなく、大綱を完成させたのである。

それから数日後、河野秘書官から党本部に連絡があった。「野坂が田村さんと会いたがっている」というのだ。私はすぐに総理官邸に向かった。

官房長官室に入ると、野坂が笑顔で歩み寄ってきた。そして私の前に来ると、「大綱がうまくまとまったのは、田村さんのおかげですよ」といって、深々と頭を下げてきたのである。恐縮した私も頭を下げた。

野坂浩賢

大綱では武器輸出三原則には触れず、官房長官談話で言及したことについては、社会党内からの反発はなかった。それに対して、お礼をいってきたのである。

これもすべて河野秘書官の尽力によるものだ。社会党の書記局職員は、自民党の職員よりも、議員に対する影響力が強いように感じた。だから社会党の議員が大臣になると、その秘書官には党職員が就いていた。私は自民党の職員としての大きな充実感を得て、官邸をあとにした。

「小沢調査会」の事務担当者として

次は、政界の「壊し屋」と呼ばれる小沢一郎。新しい政党を作ったかと思えば解党させ、政界を分裂させるような議員人生を送ってきた。

まず一九九三年に自民党を離党した小沢一郎は、その後、非自民・非共産の八党派で細川《ほそかわ》護熙《もりひろ》内閣を発足させ、自民党を野党に転落させた。

しかし、八党派による連立政権はうまく機能せず、細川内閣とその次の羽田孜内閣は、一年足らずで幕を閉じた。

時は下って二〇〇九年には、民主党を率いて政権を奪取し、約三年にわたって与党の座にいた。が、続く二〇一〇年の民主党代表選に出馬した際には敗れてしまった。そして二〇一二年、民主党が推し進めた社会保障・税一体改革関連法案の採決に反対票を投じ、同調した五〇人の議員を引き連れて離党したのである。

近年、小沢に対する評価は非常に低い。ただ、自民党にいたころには輝いたこともあった。特に一九九〇年のPKO国会では、自民党幹事長として奔走《ほんそう》し、公明党と民社党の合意を取り付けた。ＰＫＯ協力法成立の功労者となったのである。

ただ、翌年の東京都知事選で、自民党の東京都連が現職・鈴木俊一《すずきしゅんいち》を推薦するなか、小沢はＮＨＫでキャスターを務めた磯村尚徳《いそむらひさのり》の推薦を決めた。しかし磯村は落選し、小沢はその責任を取り、幹事長を辞任することになった。

私が小沢と最も深く関わるようになったのは、その直後だ。小沢が先述の「小沢調査会」を立ち上げ、私が事務局担当となったのである。

小沢調査会の取り組みは、いまも高く評価されている。冷戦後の安全保障について、真正面から切り込もうとしたからだ。

もちろん、小沢の主張は完璧ではなかった。小沢調査会で集団安全保障が議論になったことは既に述べた。このとき小沢は、「国連の下で行う集団安全保障は、憲法上、認められているのだから、それを議論する。集団的自衛権の議論はしない」と断言したのである。

私は、本気で安全保障を語るなら、やはり集団的自衛権も取り上げるべきだったと思う。しかし、小沢はそれを一切認めなかった。おそらく外務省の役人あたりから入れ知恵をされていたのだろうと思う。

だから小沢調査会がまとめた提言は、結果的に、集団安全保障に限定されたものとなった。とはいえ、それだけでも当時は画期的なことだった。

小沢一郎と中川昭一が議論した中身

一九九一年から翌年にかけて小沢調査会の議論が続き、私は提言の試案をまとめていた。しかし一九九二年八月、金丸信《かねまるしん》が東京佐川急便から五億円を受け取る収賄《しゅうわい》事件が発覚、一〇月に議員を辞職した。

その責任をめぐり、金丸が所属していた経世会は分裂した。すると、小沢は羽田孜らとともに経世会を離脱し、新派閥の改革フォーラム21を結成した。

この混乱によって、小沢調査会と提言は宙ぶらりんになってしまった。ただ、せっかく戦後の日本でタブー視されていた安全保障に斬り込んだのだ。途中でやめてしまうのはもったいない。そう思っていたのは船田元《ふなだはじめ》のあとに事務局長として議員側をまとめていた中川昭一も同様だったようで、私に連絡があった。「提言をまとめましょうよ」という。

そこで私は、それまでの議論をまとめた提言の試案を持って、中川に会いに行った。そして、新たに修正すべき点を伝えた。すると中川も私の意見に賛同してくれたので、それから数日かけて一気に提言をまとめ上げた。

最終的に提言は「憲法改正をしなくても、国連軍に参加するのは可能。多国籍軍で戦闘行為が生じた場合は後方支援を行う」という内容になった。そしてそれを携え、中川と私は、東京・永田町の十全《じゅうぜん》ビルヂングにあった小沢事務所を訪ねたのである。

派閥の大混乱のなかで疲弊《ひへい》し、おそらく何かの持病も重なっていたのであろう。小沢は体調を崩していた。そのせいか、小沢調査会を続けることには消極的になっていた。私たちが訪れたときも、まったく覇気が感じられなかった。

しかし提言を読みながら、私たちの話をじっくりと聞いていた。そして最終的には、「よし、この提言を総理（宮澤喜一）に提出しよう」と決断してくれたのだ。

余談になるが、中川昭一と小沢一郎が同じ部屋で安全保障について議論し、総理に提言するなどということは、現時点では不思議に感じる人も少なくないだろう。ただ小沢が自民党にいたときは、当然、きちんと職責を果たしていた。小沢のほうが当選回数が多く、経験も豊富だったので、中川も小沢のことを評価していたはずである。

中川昭一

後日、私から宮澤総理の秘書官に連絡し、アポイントメントを取り付けた。そうして小沢と中川と私の三人は、衆議院内の総理大臣室で宮澤と対面した。

小沢が提言を総理に渡す。小沢調査会で議論したこと、そして提言の内容の概要を説明していった。

結論からいうと、後藤田正晴《ごとうだまさはる》や栗原祐幸から「解釈改憲ではないか」と反発され、この提言は、結局、お蔵入《くらい》りになった。ただ、安全保障に真っ向から立ち向かっただけでも、この取り組みが無意味なものだったとは思わない。

実はゴマスリ上手な小沢一郎

この席では一つ気になったことがあった。小沢がやたらと畏《かしこ》まっていたのである。もちろん相手は総理なのだから、むしろ緊張して対応するのは当然だろう。しかし私は、小沢が幹事長の時代、若手議員に対して踏《ふ》ん反《ぞ》り返っている姿を見ていた。

また、その後の小沢を観察していると、自分に意見してくる議員は、たとえ仲間でも、必ず切っている。船田元もその一人だ。要するに、後輩には非常に厳しく、イエスマンしか認めないのである。

しかし、宮澤にはやたらとペコペコしていた。小沢は人によって態度を変えるということだ。それまで私は、小沢は傲岸不遜《ごうがんふそん》で我が道を行く人だと思っていた。ところが実際は、ゴマスリも非常にうまい。

小沢は若くして自民党幹事長に就任した。所属していた経世会に力があったのも背景にあるが、やはりゴマスリも上手だったのだと思う。おそらく、若いころに田中角栄のもとで、先輩に気に入られる術《すべ》を学んだのだろう。

しかし、いくつもの政党を壊していることからも分かるように、小沢は人をまとめることができない。加えて、気に入らない人を排除するから人望もない。

では、なぜ幹事長になれたかといえば、やはり先輩に取り入るのが上手なのだ。実際、ほかの大物政治家と比べてみると、私には人間的な魅力が感じられなかった。

それについては知り合いの新聞記者も、こんな話をしていた。小沢が幹事長時代、記者たちは会見場で待つが、なかなか現れない。多忙な身だから、まあ、それは仕方のないことだろう。しかし、いつの間にか夕食時になった。と、小沢がやっと現れて、壇上の机に座る。なぜか、ぷーんと香ばしい匂いが漂ってくる。一人で鰻丼《うなどん》を食べ始めたのだ。記者たちのお腹が一斉にぐーっと鳴る……。

小沢の人間性を垣間見る《かいまみる》エピソードだが、師の田中角栄だったら、必ず記者の人数分、同じ鰻丼を用意していたはずだ。

ただ、その一方で、先輩に対して義理堅い一面もある。田中角栄のロッキード事件をめぐる裁判が始まると、多くの政治家が田中に近寄らなくなった。しかし、小沢だけは離れなかった。その点は小沢のえらいところだ。

小沢が経世会から出ていったといっても、決して田中から離れたわけではない。ただ竹下登を担ぐためだけに脱会したのである。

二大政党制を作るために小沢は離党したのか

小沢の幹事長時代、総裁選に出馬するという噂があった。しかし、結局は出馬しなかった。これを世間では、「若輩の幹事長が、自分はまだ若いと、先輩に総裁を譲ったのだ」と見た。しかし、私の見立ては違う。

このとき小沢は、「いま総理を務めても、どうせ一～二年で辞任する羽目《はめ》になり、すると自分の政治生命は、そこで終わりになる」、そう考えていたのだろう。

ただ、小沢は当時、まだ四〇代後半。総理を務める見識も能力もないと自覚していたのかもしれないが、いまとなって悔やんでいるかもしれない。

また、小沢は二大政党を作るために自民党を離党したと思っている人が少なくない。しかし実際には、ただ単に権力闘争に敗れ、離党したのだ。それは党内で様々な声を聞いていた私なら断言できる。

前に述べた通り、竹下登は、派閥の後継者に小渕恵三を指名した。もしあのとき後継者になっていたら、小沢は離党しなかったはずだ。すなわち、二大政党制の話など、後づけのお伽噺《とぎばなし》なのである。

加えて小沢は、自民党を離党したあとに変節した。自民党に所属していたときには政策を重視する政治家だった。だから小沢調査会を立ち上げたわけである。しかし近年は、ただ安倍内閣の政策をすべて否定しているだけ。対案らしきものも耳に入ってこない。

その小沢が最も変節したなと感じたのは、共産党と閣外協力をするなどといい出したときだ。一九九三年に細川護熙内閣を発足させたときも、共産党だけは排除していた。しかし現在では、権力を奪取するためなら、何でもありになってしまった。自衛隊や天皇を否定する共産党は、根本になる政策が異なる。手を組めるはずなどない。

こうした事実を積み上げていけば、一般の読者の方々でも、小沢は単なる権力欲の塊《かたまり》であることが分かるはずだ。ただ自分のためだけに政治を行っている。だから平気で共産党とも手を組む。いまの小沢は、自民党に対する怨念《おんねん》だけで政治家を務めているとしか思えない。

自社さ連立政権での菅直人の役割

一九九三年に野党に転落した自民党は、社会党ならびに新党さきがけと手を組み、与党に返り咲いた。繰り返しになるが、細川内閣では政策決定の仕組みが完成しておらず、すぐに倒れることになった。

それを反面教師に、自社さ連立政権では、その政策決定システムをきちんと整備した。政策調整会議を部門ごとに設けたのである。そしてどの政策も、まずは三党で議論してから各党に持ち帰り、党内論議を経て、再び三党で議論して決めていった。

菅直人

このシステムは、連立政権を確固たるものにした。だからこそ、短命に終わるといわれていた村山富市内閣は、一年半にわたって続いたのである。そして、この仕組みを作った立役者が、自民党政調会長の加藤紘一、社会党政策審議会長の関山信之、さきがけ政策調査会長の菅直人《かんなおと》である。
三人で行った会議には必ず私も参加した。私は三人のやりとりを聞き、要点をまとめる役割を担っていた。
当時の菅直人は切れ者でハンサム、とにかく格好が良かった。野党のときに批判ばかりいっていた後の菅とは、まったくの別人だった。
また、菅が加藤や関山と違うと思ったのは、庶民的であり、サラリーマンのように感じられた点だ。市民運動から政治家になったからだろう。会議でほかの二人の話を聞き、そのあと的確な意見を述べていく姿は、上司をおだてながらも自分の意思を通す優秀な部下、という趣《おもむき》だった。

たとえば防衛政策に関して加藤が意見する。「この政策をまとめたいのだ」と。すると菅は無理だとはいわない。「素晴らしいご意見だと思います。ただ、こういう政策も……」と、加藤を持ち上げつつも自分の意見をいう。だから意見が食い違ったとしても、場の雰囲気が悪くなることはなかった。

事実として、あの場に菅がいなければ、三党の議論は進まなかったといえる。

菅の人相が悪くなってしまった背景

このように、当時の菅直人は、自分の置かれた状況に応じて、きちんと仕事をこなすタイプだったと思う。自民党の議員にたとえるなら、外務大臣の河野太郎《こうのたろう》に近い。

河野は我が強いようでいて、大臣を任されると、その制約のなかで着実に仕事をこなす。二〇一七年に外務大臣として安倍内閣に入閣すると、外務省内からは心配する声があった。が、安倍総理の意向に沿って十分以上に職務を遂行している。私の知る外務官僚も、河野を褒《ほ》めちぎっていた。

このように、シンプルな言い方だが、河野は自分の職責を知悉《ちしつ》している。そしてそれは、菅直人も同様だった。新党さきがけの政策調査会長として、三党の調整役を全《まっと》うしていた。だから私も菅を高く評価していたのである。加えて厚生大臣のときに薬害エイズ問題に取り組んだことも評価に値する。

しかし、その後の菅は評価できない。二〇〇九年に民主党が政権を獲ると、翌二〇一〇年に総理となった。自社さの連立解消から、民主党が政権を獲るまでの十数年で、菅の魅力は失せた。

なぜか？　野党というポジションで政府の批判ばかりしていたからだ。

言葉は「言霊《ことだま》」から来ているが、人が口から出すものには魂が籠《こ》もっている。ネガティブなことばかり口にしていては、心が負の力で侵食されてしまう。こうして菅は性格がねじ曲がり、人相もどんどん変わっていった。結果、せっかく政権を獲得しても、以前の清新な顔には戻らなかったのである。

私が敬愛する大平正芳は「讃岐《さぬき》のサヌキ顔」といわれ、決して端整な顔立ちではなかった。しかし、ずっと勉強を続け、政治家として精進《しょうじん》した。すると総理に就任したころには、表情から賢さが滲《にじ》み出るようになり、「哲人宰相」などと呼ばれるようにもなった。

顔は生き方で変わる。人を憎んだり、不平をいって眉間《みけん》にシワを寄せていると、人相はどんどん悪くなっていくのだ。

官僚がみな菅直人を嫌うわけ

その菅は、野党議員として、何度も国会の予算委員会などで質問に立ってきた。ただ、霞が関の役人のあいだで、彼の評判はすこぶる悪い。なぜか？

委員会で質問する際には、事前に質問通告を政府に提出するのが通例だ。いきなり質問されても正確に答えられないことも多々あり、国会で実りのある議論をするためにも、あらかじめ質問を通告しておくのだ。

しかし菅は、なかなか質問通告を提出しないことで有名だった。だから霞が関の役人は、おしなべて菅を嫌っていた。実際に、「できたら菅さんには質問に立ってもらいたくないですよ」と、私に愚痴をこぼす官僚が何人もいる。

いつまで経っても質問通告が届かないときには、官僚は、菅の事務所に「質問はできましたか？」と聞きに行かなくてはならない。しかし菅は、ただ「まだできていない」とか「もう少し待ってもらいたい」というだけで、ギリギリまで質問内容を教えてくれないのだという。

なぜそんなことをするのか？　早めに質問通告を渡すと、政府や役人は資料を揃え、きちんと答弁することができる。菅からすると、それを避けたいのだろう。政府が答弁に窮するように仕向け、そこを責める、そんな戦略を取っているのだと思う。実際に官僚たちもそう考えている。「菅さんはずるい」という人までいる。

その一方で、自身が総理だったときには、野党議員の質問通告が遅いと文句をいってい た。二〇一一年一月二八日、時事通信は、以下のように報じている。

〈二八日の参院本会議での代表質問をめぐり、菅直人首相が同日の閣議前に、みんなの党の川田龍平《かわだりゅうへい》氏からの質問通告が遅いとぼやく場面があった。（略）「ちゃんと答弁の準備ができる時間に質問を出してもらいたい」と川田氏に協力を要請した〉

自分のことを棚に上げて文句をいっているのである。

国家像のない総理の目的となるもの

総理在任中、菅直人は、まったく人気がなかった。「史上最低の総理」とまでいわれた。その背景には、やはり、批判ばかりの人生を歩んできたことがある。

人を批判するのは得意だが、総理として内閣を取りまとめ、政権を運営することができなかった。自社さ連立政権下で調整役を担っていたころの能力は、攻撃的な思考に支配された頭のなかから失せてしまった。

また菅は、独裁者の一面も持っていた。記者会見で、いきなり「脱原発」といい出したのが、その典型だ。翌日になって、官房長官の枝《えだ》野《の》幸《ゆき》男《お》が、「総理は遠い将来の希望を語ったのだ」と訂正していた。つまり、閣議で閣僚と相談したうえで脱原発を打ち出したわけではなかったのだ。

つまり菅は、総理として内閣をまとめるどころか、むしろ閣僚たちを混乱させていたのである。

加えて、菅直人という政治家からは、本気でやりたいという政策が伝わってこなかった。政治家の凄みは、ビジョンがあるかないかで決まるといっても過言ではない。「私はこれをやる」という志がなければならないのだが、菅は何を成し遂げたかったのか。

枝野幸男

目指すべき国家像や実現したい政策がないのなら、総理になったあとは、その座に居座ることだけが目的となってしまう。まさに菅がそうであるように見えた。

新党さきがけ時代の優秀だった菅を知っているだけに、その後の彼の姿に接するたびに、心から残念な思いがしたものだ。

陳情に対しては冷たかった田中眞紀子

私が政調会長室長だったころ自民党の議員で最も人気があったのは、橋本龍太郎と田中眞紀子だった。メディアへの出演依頼や講演依頼が殺到していた。また遊説に出かければ、有権者が殺到するような状況だった。

政治家の大半は、最初から人気があるわけではない。だから毎朝、駅に立ち、週末になると挨拶回りをする。そして国会の委員会や党の部会で発言をして、存在感を示していく。それを何年も続けることで、やっと少し知名度が上がり、メディアにも取り上げられるようになる。

もちろん、すべての政治家がそれを達成できるわけではない。むしろ、日の目を見ることもなく永田町を去っていく政治家のほうが多いだろう。

一方、初当選のときから人気がある政治家もいる。その大半は、タレント議員や二世議員。田中眞紀子もその一人である。病弱の母の代わりに田中角栄というカリスマ総理のファーストレディの役割を務め、若いころから注目されていた。

そんな眞紀子は、一九九三年の衆院選に出馬すると、トップで当選。翌年には、一期目にもかかわらず、村山富市内閣に科学技術庁長官として入閣を果たした。また、二〇〇一年には女性として初の外務大臣に就任するなど、着々と出世街道を驀進《ばくしん》していた。

しかし、外務省での官僚たちとの対立などを理由に、大臣を解任された。すると、直後に秘書の給与を私的流用していたことが発覚し、眞紀子は議員辞職に追い込まれた。その後、復帰して民主党入りを果たすが、このころには既に人気は衰えていた。

実は、眞紀子は、自民党時代から党内でまったく人気がなかった。

眞紀子は富士山のような人物なのだと思う。富士山は遠くから眺めると綺麗だが、近くで見ると岩だらけ……眞紀子の場合も、メディアを通して見れば華があり、話も面白いのだが、直接関わってみると、怒鳴られ罵倒《ばとう》され、もう二度と会いたくなくなる。実際、彼女の周りからは、どんどん人が去っていった。

田中眞紀子

しかし、同じ新潟県出身だったので、私との関係は良好だった。

眞紀子の問題は、いつも人の悪口や文句ばかりをいうことだ。また、選挙区では陳情をほとんど受けつけなかったという。それでは有権者の心はどんどん離れていくだけだ。

さらに驚いたのは、眞紀子が人を信用しようとしないこと。秘書には名刺すら持たせなかった。

実際、会議に出席した眞紀子の秘書に私が名刺を渡しても、秘書から一度も名刺をもらったことがない。そして眞紀子の秘書は、会うたびに代わっていた。また、どの秘書も常におどおどしていた。おそらく毎日のように怒鳴られていたからなのだろう。

父・角栄の周りには、いつも人が集まっていた。カリスマ性があっただけでなく、人を気遣い、秘書も大切にしていた。だから角栄の周りはいつも明るかった。そうした角栄の良さを、彼女は一切受け継がなかった。

若いころから権力が身近にあったから、勘違いでもしてしまったのだろう。挙げ句、「人間には家族と使用人と敵しかいない」などというようになった。眞紀子が二〇一二年の衆院選で落選したのも自業自得《じごうじとく》、そして必然のことなのである。

イラクでジャーナリスト並みに活躍した舛添要一

人気政治家といえば、かつての舛添要一もその一人だろう。政治学者として一九八〇年代からテレビで活躍していた彼は、二〇〇一年の参院選に比例区で出馬すると、トップで当選した。二〇〇七年の参院選でも、自民党に逆風が吹くなか、やはりトップ当選を果たした。

第一次安倍晋三改造内閣、福田康夫内閣、麻生太郎内閣では厚生労働大臣を務め、着実に実績を上げていたと思う。

ヒースロー空港で舛添要一とともに調査報告書をまとめる

その舛添とは、二〇〇三年六月、政府調査団の一員として、ともにイラクへ渡った。参加メンバーは舛添のほか、団長として自民党の杉浦正健《すぎうらせいけん》、岩屋毅、阿《あ》部《べ》正俊《まさとし》、公明党から斉藤鉄夫《さいとうてつお》、山本保《やまもとたもつ》、保守新党から泉信也《いずみしんや》、政府からは、新藤義孝《しんどうよしたか》（外務大臣政務官）、小島敏男《こじまとしお》（防衛庁長官政務官）らである。

出発前から舛添は、私とともに視察のスケジュールを調整した。そうしてロンドン経由で、ヨルダンから陸路イラクに到着すると、首都バグダッドのほか、南東部の港湾都市バスラなどを視察して回った。現地では、市内の状況のみならず米軍の活動状況を視察。加えて連合軍司令部との会合や、現地イラク人との懇談を行った。

この視察で舛添は、他の議員よりも積極的に動き回っていた。ただ私たち職員や現地スタッフの後ろをついて回るだけでなく、自分の目と耳で取材するという意思が感じられた。特にアメリカ兵や現地人に積極的に話を聞いて回る姿は、まるでジャーナリストのようであった。

こうして調査団は帰路に就いたわけだが、その途中、私を含めた事務方は、報告書の作成作業を精力的に行った。クウェートの大使館では、事務局の報告書案を基に政治家が意見を述べることになる。しかし意見が多岐にわたり、それを集約するのが一番大変なわけだ。それを舛添が「田村さん、国会議員との調整は僕がやるから」といって精力的に議員間の調整を行ってくれ、本当に助かった。

イギリスのヒースロー空港では、舛添と二人で最終的な調査報告書を仕上げた。おかげで立派な報告書に仕上がった。

二人で報告書を作成していているとき、舛添は将来、立派な政治家になるだろうと確信した。たとえば自民党が民主党に負けて野党になったときに、もし舛添が谷垣の代わりに総裁選に出ていたら、総理になる可能性もあった。それを考えると、心から残念に思う。

時は下って二〇一〇年、野党だった自民党は、政権構想会議を設置した。党の理念を再考し、その理念を実現させる方法を議論するためのものだ。座長には文部科学大臣や財務大臣を歴任した伊吹文明《いぶきぶんめい》が就任。最初の幹事は、園田博之、野田聖子《のだせいこ》、河野太郎、西村康稔、舛添らが務めた。

私も会議の事務局責任者として参加していた。伊吹を中心に議論を重ねていたのだが、あるとき伊吹は議員らに論文を書くよう指示を出した。論文のテーマは「保守主義とは何か」だったと記憶している。

すると舛添が、私のところにやって来た。そして小声でこういうのだ。

「田村さん、悪いんですけど、代わりに書いてくれませんか？」

面倒だったのだろう。テレビへの出演に忙しかったのかもしれない。だから私に頼んできたというわけだ。

伊吹文明

仕方がないので引き受けた私は、数日で書き上げて、舛添の事務所に届けた。舛添は「助かりました」と頭を下げてきた。議員の代筆はよくあることだ。

すると次の会議では、ある議員が「論文に苦労しましたよ」と話しているのが聞こえてきた。この議員は、忙しいなか、自分で書いたわけである。こうした積み重ねを続けることで、政治家としての成長が達成できる。すなわち舛添は、そうした地道な努力を怠ったことになる。

それからしばらくして、政権構想会議の部屋で伊吹から呼ばれた。すると、こういうのだった。

「舛添の論文は君が書いたんだろう？　読んですぐに分かったよ。駄目だね、舛添君は」

伊吹はすごいと思った。論文の書き手を一瞬にして見破るのだから。自民党の国会議員は多士済々である。

ＡＰＥＣで分かった野田佳彦の無能

私は松下政経塾出身の政治家に批判的である。もちろん有能な政治家も何人か知っている。しかし、本当は自民党から出馬したかったが、枠が空いていなかったので、仕方なく民主党など他党から出馬した、という議員が目立つ。

彼らには政治家の座をつかみたいという魂胆はあっても、信念などない。ただ政治家になることをゴールにしている。結果、野田佳彦のような総理が誕生してしまった。

野田は、自分の選挙区で熱心に街頭演説を続けている。その容貌とドブ板ぶりを合わせて、メディアからは「ドジョウ総理」などと呼ばれていた。しかし、一国の総理が、そんな愛称を与えられていいのだろうか。総理たる者は品格を備えていなければならない。野田は、いまいち、それが分かっていなかったようだ。

野田が総理在任中の二〇一二年八月、韓国大統領の李明博《イミョンバク》が、日本の領土である竹島に上陸した。現職の大統領が上陸したのは初めてのことだった。また、その四日後に李は、天皇陛下への不敬発言を行った。このような状況下、日本政府としては、毅然《きぜん》たる対応を見せなければならないはずだ。

ところが翌月、ロシア・ウラジオストクでのアジア太平洋経済協力会議（ＡＰＥＣ）では、なんと野田のほうから李のもとに近寄っていき、握手を求めた。私は目の前が真っ暗になった。

野田佳彦

確かに最初に会場で着席したのは李だった。各国の首脳は国名のアルファベット順に座るため、「Ｊ」の日本と「Ｋ」の韓国の席は隣となる。だから、後から席に着いた野田は、李に握手を求めざるを得なかったのかもしれない。

であるならば、それを避けるためにも、野田が先に着席して待っているべきだった。それで李が握手を求めてきたのなら応じれば良し、求めてこなかったら、そのまま座っていれば良いのである。

また、総理の品格というものをまったく理解していなかったためか、野田が他国首脳の面子を潰してしまうこともあった。

同じAPECでは、中国国家主席の胡錦濤《こきんとう》の面子《メンツ》を潰した。胡錦濤から「尖閣《せんかく》の国有化はしないでもらいたい」といわれ、それを野田は了解した。ところが帰国してすぐ、その尖閣諸島の国有化を閣議決定した。

これによって中国国内では、一気に反日感情が激化した。結果、日本企業の工場などが破壊され、日本大使館に投石される事態にまで至ったのである。

また、これを機に、尖閣諸島沖には中国船が毎日のように現れるようになった。

もちろん、尖閣諸島は日本の領土だ。ただ、他国の首脳の面子を守ることは外交上の儀礼である。その点を、野田はまったく理解していなかった。そう、庶民感覚だけで総理は務まらないのである。

庶民感覚といえば、約束を違《たが》えてなかなか退陣しないがゆえに批判されていた野田の、国会での演説を思い出す。小学校の通信簿はオール5ではなかったが、絶対に嘘をつかないのが野田君だと先生から褒《ほ》められた、などと熱弁を振るっていたことだ。

嘘の多い政治家は困りものだが、嘘をつかないことだけが自慢の総理に、品格や儀礼を期待しても仕方がない。しかも、政権を奪取する前までは「シロアリのように国富を貪《むさぼ》る官僚が日本を支配する限り、消費税は上げない」などと宣言していたのに、政権の座に就くと、財務大臣と総理大臣として、すんなり消費税増税の道筋を作った。これを大嘘といわず、何というのだろうか。

菅内閣唯一の功績とは

ここまで述べてきたように、私は民主党政権に対し否定的な考えを持っているが、なかにはまともな大臣もいた。その一人は、鳩山由紀夫内閣と菅直人内閣で防衛大臣を務めた北澤《きたざわ》俊美《としみ》である。

北澤は長野県議会議員を務めたのち、一九九二年に自民党公認で参院選に出馬、初当選を果たした。羽田孜を慕っており、一九九三年、一緒に自民党を離党していった。

北澤が自民党にいたときは、まったく関わりがなかった。しかし、二〇〇九年に北澤が防衛大臣に就任すると、その直後に彼の秘書官から連絡があった。北澤が私と会いたがっているという。実は北澤がある新聞記者に「防衛に関する本を推薦して欲しい」と尋ね、その記者が「それなら田村さんの『日本の防衛法制』でしょう」と答えたらしい。以後、北澤は、私の本を読んでくれるようになった。

さて、こうして北澤からの誘いを受け、食事をともにした。北澤は私の著書について「防衛大臣の職務を全《まっと》うするうえで参考にしています」と話してくれた。非常に勉強熱心で、食事中も国防や安全保障について語り合った。

私が北澤を評価しているのは、著書を読んでくれたからではない。菅内閣で防衛大臣として北澤が成し遂げた大きな仕事を買っているのだ。それは、以下に述べるようなことである。

官邸の総理秘書官は、各省庁から出向している官僚だ。財務省、経産省、外務省、そして警察庁の役人が務めるのが通例である。当然、ほかの各省庁も秘書官を出したい。しかし、省庁間には力関係があり、弱い立場の省庁から秘書官を出すのは極めて難しい。

現在、防衛省は力が弱いわけではない。が、戦後、自衛隊はメディアから批判の対象になってきた。だから防衛省は、ほかの省庁と比べると、どうしても遠慮がちになってしまう。防衛省から出向する秘書官がいなかった背景には、こうした事情がある。

ただ、私はずっと、防衛省の役人も出向すべきだと考えていた。国防・安全保障は、国家の最重要政策だ。有事の際には、総理官邸と防衛省、ならびに自衛隊が、円滑にコミュニケーションを図り、連携しなければならない。そのためにも、総理秘書官のなかに防衛省出身者が必要なのだ。

防衛省も、同じことを考えていた。従来は、警察庁からの秘書官が防衛省の窓口を務めていたからだ。

実は私は、二〇〇四年の段階で自民党国防部会提言を作り、当時の小泉内閣に提出していた。しかし、その部分はまったく取り合ってもらえなかった。他の役所との力関係があり、結局、自民党は実現させることができなかった。

それを北澤が菅内閣で実現させた。防衛省からの総理大臣秘書官が誕生したのだ。その秘書官が前田《まえだ》哲《さとし》である。

当然、ほかの役所からの抵抗があったはずだ。総理や大臣が役所の抵抗を押し切って何かをすると、しこりも残る。にもかかわらず、なぜ実現できたか？　民主党政権が、政治主導だったからである。

北澤俊美

近年、安倍政権は官邸主導で、やりたい放題だと批判されている。しかし、自民党の歴代政権は、良くも悪くも役人の意見を取り入れてきた。

一方、民主党は役人を排除していた。それゆえ北澤も、躊躇《ちゅうちょ》することなく、官邸に秘書官を送り込めたのかもしれない。

実際、当時は、よく排除された役人が自民党本部にやってきて、「民主党政権はひどい」と愚痴をいっていたものだ。このことから、同じ風景でも、政治家から見えるものと役人から見えるものは違うということが分かる。

民主党政権こそ官邸主導であり、政治主導だった。それゆえ菅内閣は、ほかの役所の抵抗を物ともせず、防衛省の秘書官を官邸に入れた。しかし当然、これは菅の意志ではなく、北澤の仕事だった。

そしてこれは、結果的に、菅内閣唯一の功績となった——。

政権奪還の日に総裁室に向かう

二〇一二年一一月、当時の野田佳彦総理は、衆議院の解散を決めた。三年三ヵ月続いた民主党政権は、その稚拙《ちせつ》な運営ゆえに限界点に達しており、解散が決まると同時に、誰もが自民党の政権奪還を確信していた。

防衛省の役人も同様で、選挙前には、私に会うため党本部までやってきた。要件を聞くと以下のようにいう。

「自民党が政権を獲ってからも、防衛省の総理秘書官を継続してください」

それを聞いた私は、「それは安倍さんに近い議員にいったほうがいいんじゃないか」と答えた。するとこの役人は、「いや、頼めるのは田村さんしかいないのです」と、訴えかけるようにいう。私も継続すべきだと考えていたので、「分かった、安倍に直接会って話してみます」と約束した。

二〇一二（平成二四）年一二月一六日、第四六回衆議院議員選挙の開票日を迎えた。私は政権を奪還したその日に、安倍に対し、防衛省からの総理秘書官の継続についてお願いするつもりでいた。

とはいっても、当日はアポなど取れるわけがない。ただ投開票日、総裁は党本部にやってきて、四階の会見場で記者会見を行う。また、同じ場所に全候補者の名前を載せたボードを設置し、当確が出るとバラの花を付けていく。だからその前に総裁室に突撃し、話をしようと決めていた。

その日、私は午後に出勤した。選挙戦が始まるとすぐに自民党の圧勝が有力視されており、それは投開票日も同様だった。もちろん、議員や職員は選挙の厳しさを知っている。それでもやはり、誰もが自民党の勝利を確信していた。

投開票日の党本部には多くの報道陣が詰めかけており、騒々しく、また慌ただしい。しかし、いつもの選挙ほどピリピリした雰囲気はなかった。

夜になると、私は三階の政調会事務局に入り、テレビの選挙速報を見ていた。自民党候補者の「当確」が次々と発表されていき、そのたびに職員からは歓声が上がる。ただ私には、重要な使命があった。だから、みなとともに快哉《かいさい》を叫ぶ余裕などなかったのである。

まだかまだかと安倍の到着を待った。すると午後七時を過ぎたころ、廊下がガヤガヤと喧《やかま》しくなった。そして、「安倍総裁が入ります」という声が聞こえてきた。私は「よし！」と気合を入れて立ち上がると、四階の総裁室へと向かった。

開票後に菅義偉と出会った場所

安倍が到着した四階は、報道陣の足音や話し声が重なり、いつもよりガヤガヤと騒々しかった。廊下の突き当たりにはガラスの自動ドアがあり、その奥に総裁室がある。総裁室に行くには、幹事長室の脇の通路を通り抜けなくてはならない。

総裁室には安倍が一人でいる。総裁室の扉の前に立ち、待った。先客がいるらしい。しかし次の瞬間、ガチャッと扉が開く音がして、なかから誰かが出てきた。菅義偉《すがよしひで》である。

私を見ると菅は、「お疲れさま」とだけ呟いた。私も「お疲れさまです」と返す。菅の表情は強張っているように見えたが、それでいて口調は柔和だった。

菅と入れ替わるかたちで私が総裁室に入っていった。すると安倍は、立ったまま私の顔を

菅義偉と著者

凝視した。総理官邸と同様、安倍の背後には日の丸が置かれている。それを見て、やはり自民党の総裁こそが日本国の総理大臣でなければならないと強く思った。

私は、「総裁、いま少しだけよろしいでしょうか？」と聞いた。安倍は「どうしましたか？」と聞き返してくる。その口調は優しかったが、表情は硬い。総理に返り咲くことが決定的となり、覚悟を決めていたのだろうと思った。

せっかく次期総理と二人きりで話せるのだ。時間を有効に使いたい。そこで私は、防衛省の秘書官継続の件を切り出す前に、選挙の政権公約の防衛関係の案件、すなわち防衛費について、まず話した。

「自民党は防衛費を増やすと公約で謳《うた》って

います。ぜひ実行してください。それはすぐに実行できます。その次が、防衛計画の大綱の見直しです。これは閣議で変更可能です。しかし少々時間がかかります」

安倍は一言「なるほど」と答える。

次に私は国家安全保障会議について話を聞いた。いわゆる「日本版NSC」である。懇意にしている役人から、「安倍総裁は、総理になったら、NSCを作るつもりらしい」という話を聞いていたからだ。安倍はこの件についても、「実現させたいと考えています」といった。のちに本当に実現させたのだから立派だと思う。

そして、いよいよ私は本題に入った。

「民主党の菅内閣で、防衛省の役人が総理秘書官として官邸に出向することになりました。安倍内閣でも、ぜひこれを継続していただきたいのです」

続けて私は、語気を強めていった。

「防衛省の役人が総理官邸に席を持つことには、大きなメリットがあります。総理が防衛省や自衛隊との連携を維持したまま、強固な指揮命令系統を構築できるからです。有事の際にしっかりと対応するためにも、ぜひ継続をお願いします！」

このとき安倍は、明確な回答を避けた。当然だ。まだ、総理大臣に就任していないのである。しかし、私の話を聞きながら、強く頷いていた。

その姿を見た私は、きっと安倍は継続させてくれるだろうと確信した。そして、その確信は間違っていなかった。本書を執筆中の二〇一九年も、総理官邸には、防衛省の島田和久が秘書官として働いている。

「お忙しいところ、申し訳ありませんでした。失礼します」といい、私は頭を下げた。そして扉のノブに手をかけようとしたその瞬間、外から誰かが扉をノックした。安倍が「どうぞ」という。

扉を開けて部屋に入ってきたのは石破茂だった。石破もまた表情が硬かった。きっと大事な話をするに違いないと感じた。

私は石破に「お疲れさまです」というと、石破はペコリと頭を下げた。二人が何を話すのか気になったが、私はそのまま総裁室をあとにした。

菅と石破が総裁室で何をしていたか――それを知ったのは、その直後のことである。第二次安倍内閣の閣僚と党三役が発表され、菅は官房長官に、石破は幹事長に就任したのだ。

つまり投開票日、すでに自民党の勝利を確信していた安倍は、菅と石破を呼び出し、それぞれ官房長官と幹事長に任命していたのである。

第五章　自民党本部三階から眺めた永田町

野党転落で燻り出された裏切り者

政界に入って四〇年以上の時が経った。その間、数え切れないほどの政治家と接し、数多くの政策を実現させてきた。仕事を続けるなかで感動したこともあれば、不満に感じたこともある。そこで本章では、政治家個人ではなく、私が党職員として見てきた永田町の実像について語っていきたい。

さて、一九九三年の衆院選は、現在の小選挙区制ではなく、中選挙区制で行われた。自民党は比較第一党となったが、自民党と共産党を除く八党派が手を結んだため、細川護熙内閣が誕生した。それと同時に自民党は、結党以来、初めて野党に転落したのである。

私は八党派が組む直前まで、まさか野党に転落するとは思わなかった。ほかの職員はもちろん、当時の自民党の議員も同様だったと思う。そして、自民党の下野が決まると、所属議員が次から次へと離党していった。

第一章でも述べたが、野党となった自民党では橋本龍太郎が政調会長に就任した。私は政調会長室長として、その橋本の下で働くことになった。所属議員の離党を目の当《ま》たりにして橋本は、「石破茂が離党した」「柿澤弘治《かきざわこうじ》もだ」「次は津島雄二《つしまゆうじ》だ」と呟き、寂しそうな表情を浮かべていたことを覚えている。

特に、柿澤の離党はひどかった。橋本が政調会長になったとき、政調会長室長の私に「田村君、副会長はどうしようか」と相談してきた。橋本は、その副会長を、派閥の推薦ではなく人材本位で自ら選びたいと考えていた。すなわち、保利耕輔、津島雄二、町村信孝、額賀福志郎などを考えていたのだ。

すると、その直後、柿澤が政務調査室にやってきた。そして橋本に向かって「私も橋本一家に入れてください」というのだった。それを意気に感じて、橋本は柿澤を副会長に任命したのである。にもかかわらず、柿澤は就任直後に副会長の職を放り投げて去っていった。

津島も同様だ。津島は政務調査会会長代理への就任に当たって、「橋本先生を官邸に送るのが目標です」といっていた。しかし、しばらくしてから政調会長室にやってくると、橋本と私の前で「離党します」という。橋本を総理にしたいと考えていたのではなかったのか……私は椅子から転げ落ちそうになった。

しかし橋本は、努めて冷静に説得した。また、三人での話が終わったあと、私は津島のもとに行き、「あなたが出て行ったら困るじゃないですか」と説得した。それを受けて一度は翻意してく

柿澤弘治

れ、その後は一所懸命働いてくれた。しかし翌年、自民党が社会党と手を組み、首班指名で村山富市を推すことを決めると、ついに津島は離党していった。

前述した通り、橋本は政調会長室で議員や官僚と打ち合わせをするとき、必ず私を同席させた。しかし、一度だけ同席させなかったことがある。保岡興治《やすおかおきはる》と野田毅が来たときだ。このときは、いつものように同席しようとしたら、「田村君、悪いけど、今日は退席してもらいたい」といわれたのだ。

よほどの話なのだろうと思い私が退席すると、数十分後、保岡と野田が出ていった。直後に橋本に呼ばれ、会談の内容を話してくれた。

保岡と野田は小沢に取り込まれており、一緒に離党しようと、橋本を誘ったのだ。私を退席させたのも、保岡と野田の意向だった。

橋本は「自民党の全議員、全職員を引き連れていくというなら考えるが、そうではないだろう。だからお断りする」と答えたそうだ。痺《しび》れる台詞《せりふ》だ。

当時、私が職員として強く感じたのは、党が苦しいときに裏切る政治家は信用できないということ。野党に転落し、苦境に立たされたからといって離党するのは、軍人にたとえるなら敵前逃亡である。もし軍人が敵前逃亡したならば銃殺刑となる。それほど重い裏切りだと思った。

あのとき離党して、のちに復党した人も少なくない。いまでは党内で偉そうにしている人もいる。きっと橋本は天国で苦笑いしているのではないか。どんなに優秀な政治家であっても、あのとき離党した人たちを、私は尊敬することができない。

野党転落で仕事の評価が上がったわけ

意外に感じられるかもしれないが、私が自民党の職員として最も高く評価されたのは、党が苦しいとき、つまり野党に転落したときの仕事である。一九九三年の野党転落時には、政調会長室長として、一一ヵ月にわたって橋本龍太郎に仕えた。この一一ヵ月は、私の人生で最も忙しい日々を過ごした。

また、二〇〇九年に政権交代が起こり、再び自民党が下野したときには、政調会の職員として多くの政策を立案した。政権構想会議も担当した。

この下野直後の混乱は、いまでも覚えている。職員はリストラされ、給料は下がった。トイレの水切りペーパーも撤去された。党の予算が一気に減ったからだ。職員が働く事務局からは、ため息ばかりが聞こえてきた。

加えて痛感したのは、野党になると、党の取り組みが新聞やテレビで取り上げられなくなること。自民党関連の記事やニュースが激減したのである。

あるときは経済対策を発表した。しかし、それを伝えたのは一紙のみ……しかも小さなべタ記事だった。そのため、この新聞の記者に会ったとき、「たくさん提言を出したのに、あの小さな記事は何だよ」と文句をいった。すると記者からは、「田村さん、いいじゃないの、載っているんだから。ほかの新聞には載っていないよ」と反論された。

そのとき私は何もいい返せなかった。それと同時に、惨《みじ》めな気分になった。しかし、野党に転落するというのは、こういうことなのだ。政権への復帰を期し、臥薪嘗胆《がしんしょうたん》を誓った。

また当然のように、党本部には人が来なくなる。与党のときは記者や陳情者で賑《にぎ》わっていたフロアも、野党転落と同時に閑散《かんさん》とした。これは、官僚も同様だ。もちろん、重大事が出来《しゅったい》すれば官僚も協力してくれるのだろうが、彼らには膨大《ぼうだい》な与党との仕事がある。当然、野党となった自民党を訪れる機会は激減するのだ。

こうして、自民党の政策提言を作ったり、資料を集める際には、すべて自分たちでやらなければならなくなった。私の出番である。

第二章でも述べた通り、私は岩倉具三の教えを受けたため、率先して政策を作ってきた。議員のいうことに従うだけではなく、時には意見を述べることすらあった。政策提言を作ることなど朝飯前だ。

たしかに職員の多くは、裏方に徹していた。議員の指示で会議の段取りをするのが仕事みたいな人もいた。与党にいるときは、それでも務まるのかもしれない。が、野党になると、そうはいかない。

とはいっても、自分で情報や資料を集めて原稿を書き、政策提言をまとめられる職員が、すぐに一人でき上がるわけではない。だからこそ、私の仕事は一気に増えた。誰もが私を頼るようになった。これが野党のときに私が高く評価された理由である。

自民党は政権党であることにこだわっている。党に割り当てられる予算、メディアでの取り上げられ方、官僚の協力の有無といった話だけではない。何よりも、政権党でなければ政策を実現することができないからだ。

野党の仕事は、与党の政策に対案を出し、政策提言をすることにある。ただ、それが受け入れられるとは限らない。つまり政策の実現は、すべて与党の判断に委ねられている。だからこそ、自民党は政権党の座を守りたいのだ。

党職員はカメレオンだがイエスマンではない

民主党政権下で監視下に置かれていた官僚組織だが、二〇一二年に自民党が政権を奪還すると、すぐに方針を転換した。そもそも時の政権に尽くすのが役人の任務なのである。

それは自民党の職員である私も同様である。小沢調査会の担当になれば小沢一郎に尽くし、沖縄問題に取り組むことになれば小沢のライバルだった野中広務に尽くした。そして、政務調査会長室長になれば橋本龍太郎に尽くしたのである。

私は自分の仕事はカメレオンだと考えていた。黒だといわれれば黒になり、白だといわれれば白になる。自分の色など持ってはならないのだ。

ただ、そんな私がこだわってきたのは、必ず仕えた議員にとってプラスになるように働くこと。政治家がある役職に就くとき、その分野に最初から精通しているわけではない。実際、国防部会長になった議員よりも、私のほうが国防・安全保障については詳しいわけだ。だから議論する際には積極的に発言する。それこそが、政治家に尽くす、という意味である。

また、議員が間違った認識をしていたら正すこともある。カメレオンとはいえ、イエスマンになるのとは違う。

政策提言を拒否した民主党の愚

下野したときに一職員として意識するようにしたのは、野党だからといって批判ばかりするのではなく、真面目《まじめ》に勉強を続け、いままで以上に政策を考えることである。そして、与党に提言することだ。当然、日本をより良くしたいと考えてのことである。

先述の通り、細川護熙は、野党・自民党の提言を積極的に受け入れてくれた。しかし民主党政権下、鳩山由紀夫・菅直人の二人の総理は、面会すらしてくれなかった。面会を申し入れたところ、「お越しにならなくて結構です」という。民主党政権は、野党を完全に締め出していたわけだ。

ちなみに、自民党政権下、民主党の議員が提言を持ってくることはなかった。いつでも自民党は門戸を開いていたのだが、梨《なし》の礫《つぶて》。考えてみると、そもそも民主党の人たちの考えはバラバラだった。提言をまとめることすらできなかったのかもしれない。もしくは、国会で文句をいうことだけが自分たちの仕事だと考えていたのではないだろうか。

それはその後も同様で、立憲民主党や国民民主党に所属する議員も国会で文句をいうばかり……建設的な提言など、一切、持ってこないのである。

鳩山由紀夫

民主党政権の問題は、ほかにもある。彼らは「政治主導」などといって、政策の場から役人を完全に排除してしまった。そうして政務三役と一部の議員だけで、勝手に政策を決めていたのである。

当然、外交交渉の場にも外務省の役人を入れず、勝手に進めた。沖縄の米軍基地の県外移設案など、その最たる例であろう。結果、日米関係は、戦後最悪の状況になってしまったのである。

「安倍政権は役人の意見を聞かない」という批判があった。しかし、この批判は的外れだ。民主党こそが役人を排除していたのである。逆に安倍政権では、役人を有効活用してきた。

さらに恐ろしいのは、民主党政権が各役所に党の職員を派遣したことだ。役人の動きを監視するのが目的である。そのため役人が外出するたびに、「どこに行くのですか？」と聞いてきたという。だから当時、ある役人は、「もう自民党には顔を出せません」「私たちは自由に行動できなくなりました」などと愚痴をいっていた。

しかし逆に、監視して使おうとした役人たちは、まったく仕事ができなくなった。それは東日本大震災の対応の遅れにもつながった。機転を利かせて動いても、結局、怒られるだけなら、何もしないほうがいい。

一方、自民党政権下では、役人は自主的に動いてくれる。震災直後、この差は大きかった。民主党政権とは、自分たちの力を誇示するために役人を縛って、国家を混乱させる、悪《あく》辣《らつ》な政権だったのである。

世耕弘成に頼まれたブログが大ブレイク

自民党は二〇〇九年からの野党時代に、インターネットでの広報活動に力を入れるようになった。二〇一〇年には、ネット上で活動する自民党の支援組織「自民党ネットサポーターズクラブ（J－NSC）」を立ち上げた。

また、二〇一一年にはネット番組「Café Sta」を開局し、政治家の生の声を国民に届けるようになった。

さらに二〇一二年には、ニコニコ動画で「12時間ぶっ続け まるナマ自民党」を放送した。タイトル通り、一二時間にわたる生放送で、多くの議員が政権奪還の必要性や政策について視聴者に訴えたのである。

こうした動きを牽引したのは世耕弘成だ。まず党内に「インターネットを使った選挙運動に関するワーキングチーム」が設置されると、世耕は座長を務めた。

世耕はブログの重要性も分かっていた。当時はブログがブームになっており、政治関連のものも少なくなかった。そして多くのブロガーが、民主党の稚拙な政権運営を批判していたのである。そこで議員がブログを書いて政策を国民に伝え、またブログのコメント欄を通して国民の反応を窺《うかが》うべきだと考えたのだ。

世耕は、私にもブログを開設するよう持ちかけてきた。小泉内閣の選挙では、私もメンバ

世耕弘成

ーの一員だったのだが、広報戦略チームの会議の席上、「田村さんの野党批判は評判がいい、それをブログで始めてくださいよ」という。

当時のことを世耕は、著書『自民党改造プロジェクト650日』（新潮社）で、以下のように振り返っている。

〈ブロガーとして私が白羽《しらは》の矢を立てたのが、政調のベテラン職員である田村さんだった。ご自身で本を書いているほどの論客で、民主党批判をやらせるとなかなか上手い。外交、安全保障問題のスペシャリストでもある。

しかし、田村さんはコンピュータにはまったく疎《うと》かった。話を持ちかけた時点ではブログが何かも知らなかった。ワープロを打つのが精一杯、とてもじゃないけど出来ませんと拒否する田村さんを、

「プラップ・ジャパン（註：PR会社）がデザインなどはうまく作ってくれるから、原稿だけ送ってくれればいいんです。ともかくやってください」

と説得して無理やり初めてもらった。（中略）

ところが、いざやりだすと「たむたむブログ」は、最盛期には一日に一万アクセスを超え

るくらいの大ヒットブログになった〉

正直にいうと、私は嫌々ブログを書き始めたのだが、徐々に夢中になっていった。そしてこのころから、私も世耕に感化されて、ネットの重要性を認識するようになった。

テレビや「朝日新聞」を中心とするメディアは、自民党に批判的である。それは平和安全法制をめぐる報道を見ても明らかだろう。反対意見ばかりを取り上げていた。自民党の考えや意見は、なかなか国民に伝わらなかったのである。

しかしネットの登場によって、ブログやSNS、そして動画サイトを通じて、国民に直接、声を届けられるようになった。安倍内閣が誕生し、高い支持率を維持し続けた理由の一つは、このネットの力にあることは間違いない。実際、テレビや新聞で情報を得ている人が安倍内閣に否定的な立場をとっているのに対して、ネット上には支持者が多い。

ネットにはデタラメな情報も少なくないが、フィルターを通さず生の情報を得られる点が優れている。だから、特定秘密保護法や平和安全法制が国会で議論されていたときも、多くのネットユーザーはテレビの報道に疑問を感じ、両法案の成立の重要性を理解してくれた。

佐藤栄作の「偏向的な新聞が大嫌いなんだ」

自民党は、昔から、常にメディアの批判の対象だった。以前から、政治家とマスコミの対

佐藤栄作

立はあったのである。

たとえば佐藤栄作。佐藤は一九六四年から八年間にわたって総理を務めた。「人事の佐藤」といわれた実力者だった。

ただ、長年政権を担うと批判されるもので、佐藤は新聞の報道に対し、常日頃から憤《いきどお》っていた。そして退任会見では、その感情が爆発した。以下のように語ったのである。

「新聞記者の諸君とは話をしないことになっている。僕は国民に直接、話をしたいんだ。新聞になると、文字になると違うから。（中略）偏向的な新聞が嫌い、大嫌いなんだ。だから直接、国民に話したい」

こういって佐藤は会見場から退席した。直後に官房長官の竹下登に説得され、再び会見場に戻ったが、今度は記者が以下のように応戦してきた。

「総理の新聞批判、これはわれわれ内閣記者会としては絶対に許せない。しかも、テレビと新聞を分けて、新聞はけしからん、テレビを優先しろというのは、われわれは絶対に許すことができません」

すると佐藤は、「だから出て（いって）ください。かまわないですよ」と返し、新聞記者たちが退席。一人ぼっちになった佐藤は、テレビカメラの向こうにいる国民に対して直接、退任の挨拶をしたのだ。

当時は新聞の偏向報道が目立っていた。しかし、現在はテレビの報道も深刻で、かつ新聞より強い影響力がある。特にワイドショーがひどい状況だ。

ただ前述のように、徐々にインターネットで情報を集める国民が増えている。そして、そんなネットユーザーによって、現在の安倍内閣が支えられている。もしネットがなかったら、安倍内閣は、とっくに潰されていたと思う。

中曽根、小泉、安倍の共通点

織田信長《おだのぶなが》に、なぜ人気があるのか？　天下統一の直前に暗殺されたからだ。豊臣秀吉《とよとみひでよし》の人気は、苦労して天下統一を成し遂げたことにある。それに比べると、徳川家康《とくがわいえやす》の人気は低い。長きにわたり権力者として君臨したからである。

佐藤を三人のうち誰かにたとえるとしたら、家康だろう。しかし、政治家として優秀なのは家康であり佐藤だ。国家、政権を担い、それを続けられる人こそが立派なのである。

佐藤のあとの総理は、中曽根康弘と小泉純一郎、そして安倍晋三を除けば、どれも一〜二年で辞任している。長く政権を担うのは、本当に大変なことなのだ。

新聞記者などから「総理を長くやる秘訣は何なのでしょうか?」と聞かれることがある。私は必ず「一日一日を大事にすることと気配り」と答える。もう、それに尽きると思う。

中曽根、小泉、安倍という名前を挙げると、タカ派のイメージがあるかもしれない。しかしタカ派とは、敵を作って攻撃する人たちを指すわけではない。逆に、三者に共通しているのは、気配りができる点である。安倍も本当に気配りができる人物で、以前お世話になった人のことは絶対に忘れないという。

総理というと、そのカリスマ性で政権を引っ張っていくというイメージがあるかもしれない。しかし、そんな西郷隆盛《さいごうたかもり》のような人物が活躍できるのは戦《いくさ》のときだけだ。太平の世に必要なのは、西郷ではなく大久保利通《おおくぼとしみち》であり、調整型の政治家なのである。

自民党職員だからこそ政治ができた

政務調査会長室長として橋本龍太郎に仕えていたころ、「私は人形だ。そして田村君は上手な人形使いだ」といわれたことがある。要するに、書籍やインタビュー記事、政策立案などを通じ、私が政治家・橋本龍太郎をうまくプロデュースしていると褒めてくれたのだ。

そして橋本は、「君も将来は人形になれる男だ」といってくれた。すなわち、政治家にもなれるということ。私は最高に嬉しかった。

しかし、私は人形使いとしての人生を選んだ。党職員として政治家に仕え、政治家とともに考えた政策を、国政で実現させてきた。いやむしろ、私は自民党職員が天職だったのかもしれない。

農林・水産部会を担当していたときにはコメや魚の消費拡大を、国防部会では防衛費の増額や防衛法制の整備を、憲法調査会では時代に合った憲法の改正を目指しながら、それぞれに力を発揮することができた。

ところが昨今の政治家のなかには、何を成し遂げたいのか分からない人が多い。そう、政治家が単なる職業になってしまっているのだ。

昔は経済的に余裕がある人が政治家になった。いまはそうではなく、就職するような感覚で、政治家イコール職業と考えている。地方議員も同様だ。ほかに仕事がないから地方議員に「就職」している。

桂太郎の妥協の正体

ところで政治家に最も必要なものは決断力だ。その点を、安倍晋三が抜くときまで史上最長の総理在職日数を誇っている桂《かつら》太郎《たろう》を例にとって話したい。

明治から大正にかけて三回にわたって総理を務めた桂太郎は、かつては軍人として戊辰《ぼしん》戦争で戦い、多くの部下を失った。そして自身も大きな傷を負った過去を持つ。

戊辰戦争が終わると、桂はドイツに留学し、名古屋の第三師団長として赴任したのだが、一八九一（明治二四）年には濃尾《のうび》地震が発生した。すると本来、軍隊は地方官からの要請がなければ出動できないのだが、被災地の深刻な状況を知った桂は、要請がない段階で出動を決意、軍に救助活動を命じた。

その後、責任を取ろうと桂は辞表を提出したが、明治天皇は逆に、桂の処置は機宜《きぎ》に適した行動であったと嘉賞《かしょう》し、辞表は却下された。この行動は管下の人々から感謝された。

また、日清戦争（一八九四年）では実際の戦争を指揮し、日露戦争（一九〇四―〇五年）が勃発《ぼっぱつ》したときに内閣を率いていたのも桂である。

当時、日本海海戦に大勝し、国民は勝った勝ったと大騒ぎしていた。しかし、終戦前に陸軍が満州（中国東北部の旧称）でロシアの状況調査をしたところ、陸軍兵士や兵器を西からどんどん送り込んでいることが分かった。

ロシアはヨーロッパ寄りの本土に強大な兵力を温存し、それらが続々と極東に輸送されているのに対し、日本の兵力補充は不可能だった。

このまま戦争を続けたら日本軍は壊滅する……そのため日本側から終戦を働きかけ、講和に持ち込んだのである。一九〇五年九月に日露間で結んだポーツマス条約の成果が、日本が想定していた条件よりも低い理由も、実はここにある。

しかし、国民は桂内閣に対して怒りの声を挙げた。ポーツマス条約締結の翌日には、東京・日比谷公園で反対集会が行われ、暴動事件にまで発展した。いわゆる日比谷焼打事件である。

とはいえ、桂は日露戦争を終結させ、低い条件で条約を結んだ理由を説明できなかった。「あのまま戦争を続けていたら、日本はロシアに負けていた」とはいえない。それをいった瞬間、ロシアは再び戦争を仕掛けてくるかもしれないからだ――。

そう、政治とは、これほど厳しいものなのである。

何かを成し遂げるためには、国民の理解が必要になることは間違いない。しかし、すべてを説明できないこともある。加えて、説明できないことの責任も負わなければならないのだ。

国益が増進する国会改革とは何か

最後に政界の大問題について触れたい。

永田町の住人は、毎日、目まぐるしく動き回っている。風景は日々、変わっていく。その一方で、私が政界に足を踏み入れた当時からまったく進歩していない点もある。当時から問題視されながら、依然として改善されていないことがあるのだ。

たとえば国会には無駄が多い。

通常国会開会に当たって、総理は衆参両院で施政方針演説を行う。同じ内容の演説を二度行うのだ。

本来、一度だけ演説すれば良いはずだ。現在はリアルタイムで映像を配信することもできるから、会議場にスクリーンを設置し、演説の模様を映し出せばいい。

また、法案の採決にも無駄が多い。本会議で採決する際、参議院では押しボタン式投票が行われるようになったが、衆議院では、いまだに記名投票が行われている。議員一人ひとりが賛成の白色票か反対の青色票を持って登壇し、投票しているのだ。

すると衆院では、反対する野党は、牛歩戦術を行うことができる。こうして国会は夜中まで続くことになる。非効率極まりない。

だからこそ、衆院も押しボタン式を採用すべきだ。こうした効率化も、以前からずっといわれてきたことだ。

明治維新直後の日本は、まだ近代化の道半ばにある新興国であり、欧米から対等に扱われていなかった。しかし、日本は目覚ましい発展を遂げ、一九四五(昭和二〇)年に敗戦してもまた、経済大国として蘇《よみがえ》った。いま、世界中が日本に注目し、重視している。

そんな状況で総理や大臣が国会に拘束されていると、どんどん国益を損ねてしまう。臨時国会や特別国会で衆参あわせて二度も所信表明演説を行ったり、総理大臣や外務大臣が予算委員会などに長時間拘束されることは、国益毀損《きそん》の最たる例である。より国益を追求できるシステムを構築していくべきだ。

政治のあり方は、日本のあり方そのものである。だからこそ、いまの時代に合わせ、政治や国会のシステムを変革していくべきなのだ。

かくいう私も、自民党職員を辞したあとも、息が絶えるまで変革の推進力となり続ける所存だ。

エピローグ――ハマコーさんの声が聞こえる

やっと本がまとまった。

昔、国防部会でいつも私の隣に座っていたハマコー（浜田幸一）さんの「おい、田村君、俺の『日本をダメにした九人の政治家』（講談社）のように、たくさん売れたらいいな」という声が、天国から聞こえてくるようだ。


本書は私の人生の集大成として書き上げた。

タイトルに「秘録」とあるように、ほかの本で書かれたことのない、私が実際にこの目で見た、この耳で聞いたことを書き綴《つづ》った。「ここまで書くのか」というギリギリのところまで書いたつもりだ。読者の皆様に「あの事件の裏に、こんな事実もあったのか」「政治を通して人間の本質を勉強した」などと感じていただけたなら、著者としては望外の喜びである。

ありし日のハマコーさんとともに

なお、私が自民党職員であったことから、本編で他党を批判している点については、なにとぞご寛恕《かんじょ》ねがいたい。

私は二〇一八年一月に自民党本部を退職した。その後、妻と世界一周の船旅をしたが、同年八月からは嘱託として、大好きな自民党本部で働いている。まだまだ日本のためにやるべきことがある。

たとえば私のライフワーク、憲法改正だ。

現在まで『新憲法はこうなる』『改正・日本国憲法』（ともに講談社）など、憲法に関する書籍を五冊出版した。

政務調査会で水産部会を担当していたころ、魚の消費拡大策を実現させた。その

安倍総理と妻・淑恵とともに

際、一番役に立ったのは「おさかな天国」という歌だ。その経験を参考に私は、二〇一九年一月、憲法改正ソング「憲法よりも大事なもの」（作詞・作曲　坂本裕介《さかもとゆうすけ》）をリリースした。売れない一歌手として、憲法改正への願いを込めて、一所懸命歌った。YouTube「田村重信・たむたむ歌のチャンネル」でも視聴することができるので、ぜひともご覧いただきたい。もしこの曲がヒットすれば、憲法改正も実現するはずだと信じている。

本書は講談社の間渕隆、そして仙波晃《せんばあきら》の両氏がいなかったら実現しなかった。感謝を申し上げる。

また、本編で登場してもらった安倍晋三

総理大臣をはじめとする政治家の方々、紙幅の関係で登場させることができなかった政治家の方々、そして官僚、秘書、地方組織の皆様にも感謝している。

加えて自民党事務局事務総長、元宿《もとじゅく》仁《ひとし》氏は、いつも迷惑をかける私を、温かく見守ってくださっている。心から御礼を申し上げたい。

そして四〇年にわたって私を支え続けてくれた大事な妻、淑恵にも、「ありがとう」といいたい。

最後に、本書によって日本の政治が一歩でも前進することを念願する。

令和元年六月

田村《たむら》重信《しげのぶ》

本文写真——乾晋也、田村重信、講談社資料センター

著者略歴

田村重信（たむら・しげのぶ）

一九五三年、新潟県に生まれる。拓殖大学政経学部卒業。宏池会（大平正芳事務所）を経て、自由民主党本部に勤務。政調会長室長、総裁担当（橋本龍太郎）などを歴任。政務調査会の調査役・審議役として、農林水産、沖縄、国防、憲法、インテリジェンス等を担当。元慶應義塾大学大学院法学研究科非常勤講師。

現在、自由民主党政務調査会嘱託、日本国際問題研究所客員研究員、拓殖大学桂太郎塾名誉フェロー、国家基本問題研究所客員研究員、防衛法学会理事、日本論語研究会代表幹事などを務める。

著書には、『日本の防衛政策』『新・防衛法制』（以上、内外出版）、『知らなきゃヤバい！　防衛政策の真実』（育鵬社）、『改正・日本国憲法』（講談社＋α新書）などがある。

秘録《ひろく》・自民党政務調査会《じみんとうせいむちょうさかい》　16人《にん》の総理《そうり》に仕《つか》えた男《おとこ》の真実《しんじつ》の告白《こくはく》

二〇一九年六月一三日　第一刷発行

著者――田村重信《たむらしげのぶ》

カバー写真――乾　晋也

装幀――鈴木成一デザイン室

発行者――渡瀬昌彦　**発行所**――株式会社講談社

東京都文京区音羽二丁目一二-二一　郵便番号一一二-八〇〇一

電話　編集〇三-五三九五-三五二二　販売〇三-五三九五-四四一五　業務〇三-五三九五-三六一五

印刷所――株式会社新藤慶昌堂　**製本所**――大口製本印刷株式会社

落丁本・乱丁本は購入書店名を明記のうえ、小社業務あてにお送りください。送料小社負担にてお取り替えいたします。
なお、この本の内容についてのお問い合わせは、第一事業局企画部あてにお願いいたします。

ISBN978-4-06-513816-8

定価はカバーに表示してあります。